Die Seven Summits der Alpen

Über die vergletscherte Nordflanke des Mont Maudit führt die Spur der Mont-Blanc-Überschreitung.

Die Seven Summits

der Alpen

**44 Traumtouren auf
und um die höchsten Gipfel
der Alpenländer**

**Andreas Dick
Stefan Heiligensetzer**

BRUCKMANN

Inhalt

Inhaltsverzeichnis 4

Vorwort – wie alles begann 9

Einleitung 10

1. Slowenien – Triglav (2864 m) 20

1.1 Triglav (2864 m) über den Tominšekweg
Im Bann der großen Nordwand 26

1.2 Sleme (1909 m) und Mojstrovka (2366 m)
Schattenwand über der Aussichtswiese 30

1.3 Mangart (2677 m)
Wie schwer hätten Sie's gern? 34

1.4 Montasch (2753 m)
Steinbockberg über der Käsealm 36

1.5 Sentiero Ceria-Merlone
Ein Gang durch den Himmel 38

1.6 Triglav (2864 m) über den Bambergweg
Steiler, wilder, alpiner – Triglav für Kenner 40

Ohne Spaß ist's halb so nett – am Mangart über den Weißenfelser Seen

2. Österreich – Großglockner (3798 m)   42

2.1 Großglockner (3798 m) vom Lucknerhaus
Ein Hochgenuss – aber nur für Könner 48

2.2 Der Pinzgauer Gipfelgang
»Seven Summits« in Grün 52

2.3 Klagenfurter Jubiläumsweg
Blumenteppich auf 3000 Metern Höhe 56

2.4 Fuscherkarkopf (3336 m)
Nevada oder Hoggar? Das Bratschenphänomen 60

2.5 Großglockner (3798 m) über den Stüdlgrat
Dem Gründer auf der Spur 62

3. Deutschland – Zugspitze (2962 m)   64

3.1 Zugspitze (2962 m) durchs Reintal
Der Königsweg auf die Königin 70

3.2 Zugspitze (2962 m) durchs Höllental
Mehr Abwechslung geht (fast) nicht! 72

3.3 Hoher Fricken (1940 m) und Wank (1774 m)
Steilhang zur Aussichtsloge 74

3.4 Kramerspitz (1895 m)
Aussichtskanzel vor der Nordwand 76

3.5 Loreakopf (2471 m)
Logenplatz für Individualisten 78

3.6 Ehrwalder Sonnenspitze (2417 m)
Die Schöne überm Seebensee 80

3.7 Hohe Munde (2659 m)
Der Riesenklotz über dem Inntal 82

3.8 Zugspitze (2962 m), Jubiläumsgrat
Jetzt wird's ernst! 84

4. Liechtenstein – Grauspitz (2599 m)   86

4.1 Vorder Grauspitz (2599 m)
Wie vor hundert Jahren 92

4.2 Schönberg (2104 m)
Familienfreundlich mit Aussicht 96

4.3 Rappastein (2223 m)
Weitab vom Trubel 98

4.4 Augstenberg (2359 m) – Naafkopf (2570 m)
Die Königsrunde 100

4.5 Fürstensteig – Drei Schwestern (2052 m)
Felsenkamm hoch überm Rhein 104

5. Schweiz – Dufourspitze (4634 m) 108

5.1 Dufourspitze (4634 m)
Die Königin der Alpen 114

5.2 Höhbalmen (2700 m)
Zu Besuch beim Matterhorn 118

5.3 Monte-Moro-Pass (2853 m)
Dem Monte Rosa die Ehre erweisen 122

5.4 Breithorn (4164 m) – Pollux (4092 m)
Auf der Gletscherpromenade 126

5.5 Nadelhorn (4327 m)
Feiner Gipfel mit wenig Platz 130

5.6 Stellihorn (3436 m)
Einsamkeit pur 132

Hochbetrieb am Mer de Glace über Montenvers – ganz hinten die Tour Ronde, rechts die Aiguilles von Chamonix

6. Italien – Gran Paradiso (4061 m)   134

6.1 Gran Paradiso (4061 m)
Viertausender im »Easy-Format« 140

6.2 Plan Borgno und Lac Leynir
Logenplatz bei Sonnenuntergang 144

6.3 Cime d'Entrelor (3391 m)
Weglos und voller Abwechslung 148

6.4 Pian della Tornetta (2467 m)
Großes Theater 152

6.5 Monte Zerbion (2719 m)
Unterwegs auf »christlichen« Pfaden 154

6.6 Via Ferrata Béthaz-Bovard
1850 Stufen in den Himmel 158

7. Frankreich – Mont Blanc (4810 m)   160

7.1 Mont Blanc (4810 m), Überschreitung
Höher geht's nicht – und schöner kaum 166

7.2 Col des Montets – Lac Blanc
Die große Schau-Promenade 170

7.3 Refuge de Leschaux und Refuge Couvercle
Ins Herz des eisigen Meeres 172

7.4 Brevent (2424 m) – La Somone
Kletterglück im Angesicht des »Weißen Berges« 174

7.5 Aiguille du Midi (3777 m) – Aiguille du Plan (3673 m)
Alpinismus all-inclusive 176

7.6 Aiguille du Midi (3842 m) – Cosmiques-Grat
Hochalpiner Klassiker über den Dächern von Chamonix 178

7.7 Dent du Géant (4013 m)
Granitgenuss am »Riesenzahn« 182

7.8 Dômes de Miage (3670 m)
Klassischer Firngrat mit Königsblick 184

Register 189

Impressum 192

Über sieben Gipfel musst du
geh'n – am Jubiläumsgrat
ist man einige Stunden unterwegs.

Wie alles begann ...

Es war ein sonniger Sommertag, und ich saß mit Gästen auf einem Walliser Gipfel, als wir auf die Seven Summits zu sprechen kamen und auf die Tatsache, dass man für dieses Projekt nicht nur die entsprechenden bergsteigerischen Fähigkeiten benötigt, sondern vor allem einen sehr dicken Geldbeutel. Das schränkt den potenziellen Kreis der Aspiranten doch erheblich ein. In diesem Moment dämmerte es mir: Es gibt doch sieben Alpenländer, und jedes Land hat seinen höchsten Gipfel. Auch die fordern den Allroundbergsteiger! Aber erreichbar sind sie für jeden, der sich gut vorbereitet hat – und das mit einem überschaubaren Budget: Die Seven Summits der Alpen – die Idee war geboren.

Und ich stellte fest, dass mir persönlich nur noch einer der »großen Sieben« fehlt und machte mich auf zum Grauspitz in Liechtenstein – selbst mir als Bergführer musste erst einmal klar werden, dass dies der höchste Berg des kleinsten Alpenlandes ist. Ich fand einen tollen Gipfel in fantastischer Landschaft, entdeckte einen Anstieg ohne Wege, ohne Schilder und ohne Aufstiegshilfen. So muss sich Bergsteigen vor über hundert Jahren angefühlt haben.

In der Folge startete ich das Seven Summit Projekt, nämlich alle sieben in Folge innerhalb von 30 Tagen zu besteigen; schließlich wurden es 25 Tage. Diesmal sah ich die Gipfel und entdeckte ihre Regionen mit anderen Augen. Statt wie früher möglichst schnell aufzusteigen, nahm ich mir Zeit für die Naturschönheiten, für die Fauna und Flora, für die Menschen der Region – und entdeckte ganz neue, unbekannte Aspekte. Auszüge aus meinen Tagebüchern finden Sie bei den jeweiligen Einleitungskapiteln zu den Seven Summits.

Dieses Buch möchte motivieren, gerade diese Aspekte zu entdecken. Sich Zeit zu nehmen und sich bewusst den Gipfeln zu nähern. Denn Bergsteigen ist eben nicht nur die Jagd nach Bergen und das Sammeln von Superlativen. Es ist auch immer eine Reise in andere Länder und Kulturen, die Entdeckung von vielfältiger Schönheit und schlussendlich auch eine Reise zu sich selbst, auch wenn die Gipfel doch recht nah vor unserer Haustür liegen.

In diesem Sinne wünsche ich allen Lesern viel Spaß beim Schmökern und bei der Besteigung jedes einzelnen Gipfels der Seven Summits in unseren grandiosen Alpen.

Holzkirchen, Februar 2014
Alexander Römer
www.seven-summits-der-alpen.de

Einleitung

Von Jägern, Sammlern und der magischen »7«

Jäger und Sammler waren die frühen Menschen. Und wie uns das Bergsteigen aus dem Luxus der Zivilisation wieder zurückführt zu grundlegenden Bedürfnissen (Überleben, Verpflegen, Erholen), mag es uns auch wieder zu Jägern und Sammlern machen – zu Gipfeljägern, zu Trophäensammlern. Es mag

Sammeln ist auch ein Ausdruck von Leidenschaft – und bringt unvergessliche Eindrücke; am Seebensee kann man lange die Zugspitze bewundern.

uns aber auch zum Sammeln von Verständnis bringen, von Höhepunkten, von Zusammenhängen – womit wir uns wieder über das Urmenschliche erheben und Kultur schaffen.

Sammeln gibt der Leidenschaft »Berg« eine Agenda. Schon seit das metrische Maß die Norm ist, sammeln Bergsteiger die 4000er der Alpen – Karl Blodig war der Erste, der sie alle bestieg. Noch mit 72 Jahren stieg er solo durch eine 1000-Meter-Eiswand auf seine beiden letzten Gipfel, die Grande Rocheuse und die Aiguille du Jardin im Mont-Blanc-Massiv. Amerikaner sammeln entsprechend 14 000er (Gipfel über 14 000 Fuß Höhe) und Schotten sammeln »Munros« – Berge, die über 3000 Fuß hoch sind. Reinhold Messner erntete als Erster alle 14 Achttausender, und die »Seven Summits« der sieben Kontinente sind inzwischen ein Klassiker.

Auch in kleineren Dimensionen kann man den unterschiedlichsten alpinen Sammelleidenschaften frönen. Und mancher definiert sich seine Sammlung einfach selbst. So gibt es Menschen, die haben die höchsten Gipfel aller Alpengruppen bestiegen. Andere standen auf den höchsten Gipfeln jedes deutschen Bundeslandes. Wolfgang Schaub (gipfel-und-grenzen.de) sammelte 135 höchste Punkte aller Länder Europas – wobei er auch Zollsondergebiete und allerlei

politische Ex-, Enklaven und sonstige Besonderheiten wie die Kanalinseln mitrechnete. Der letzte Gipfel der Reihe war die Gora Narodnaya in der Komi-Republik im Ural; sein vielleicht exotischster Punkt war die versunkene Insel Ferdinandea im Mittelmeer, acht Meter unter dem Meeresspiegel.

Seltsam mutet es an, dass die Seven Summits der Alpen erst in den letzten Jahren so populär wurden. Inzwischen sind sie aber begehrte Sammelobjekte, und wie bei anderen Sammelleidenschaften gibt es auch hier eine Sammlergemeinde, die sich austauscht, über ihre Erfolge und Nichterfolge berichtet

Ein erhebender Augenblick – das erste Morgenlicht illuminiert den Grat zum Gipfel des Nadelhorns.

und mit Stolz bekannt gibt, wenn sie geschafft sind, die Seven Summits der Alpen. Heutzutage geschieht dies virtuell im Internet, einschlägige Webseiten gibt es dazu genügend – hochsteigen muss man allerdings selbst.

Aber warum sollte man die Seven Summits der Alpen denn besuchen und besteigen? Sammelmanie? Ehrgeiziges Abhaken (und Eintragen auf den entsprechenden Webseiten)? Oder ist es, um der eigenen Berg-Leidenschaft ein klares Ziel zu geben? Die individuellen Gründe sind sicher vielfältig. Fest steht aber, dass ein Besuch der sieben Alpenländer und ihrer höchsten Punkte auf jeden Fall lohnt. Sind es doch allesamt Berge mit Charakter und individuellen bergsportlichen Anforderungen. Selbst der Grauspitz in Liechtenstein, der niedrigste der Seven Summits der Alpen, ist kein leichter Berg, und eine Besteigung bleibt mit Sicherheit in Erinnerung.

Doch nicht nur die höchsten Gipfel selbst locken mit außergewöhnlichen Erlebnissen. Jeder von ihnen steht in einer anderen Gebirgsregion mit eigenem Charakter, besonderer Geschichte und Kultur und außergewöhnlicher Natur. Da wäre es doch schade, sich nur auf einen Berg zu beschränken!

Sieben Alpenländer, Gebirge, Gipfel

Wer die Seven Summits der Alpen und ihre Gebirgsregionen in Angriff nimmt, der startet zu einer spannenden und hochinteressanten Reise durch die Alpen. Sie bietet Gelegenheit, verschiedenste Naturräume, Kulturen, Sprachen und Gebirge kennenzulernen, neue Erfahrungen zu machen und seinen Horizont zu erweitern. Das belegt ein kurzer Überblick zu den Seven Summits und ihren Gebirgsregionen von Ost nach West.

Triglav (2864 m)
Gebirge: Julische Alpen
Land und Sprachen: Slowenien, Italien; Slowenisch, Italienisch (im italienischen Teil der Julischen Alpen)
Charakter und Besonderheiten: Schroffer Gebirgsstock mit ausgeprägten Gipfeln. Der Triglav ist Zentrum des Triglav-Nationalparks, einziger Nationalpark Sloweniens, mit beeindruckend reichhaltiger Flora. Seine Nordwand ist mit über 1500 Metern eine der höchsten Alpenwände überhaupt.

Großglockner (3789 m)
Gebirge: Hohe Tauern, Glocknergruppe
Land und Sprache: Österreich; Deutsch
Charakter und Besonderheiten: Hochalpines, im Bereich des Großglockners stark vergletschertes Gebirgsmassiv, das den Vergleich mit den Westalpen nicht scheuen muss. Mit der Pasterze befindet sich der größte Gletscher Österreichs in der Glocknergruppe.

Zugspitze (2963 m)
Gebirge: Wettersteingebirge
Land und Sprache: Deutschland; Deutsch
Charakter und Besonderheiten: Kompaktes Kalkgebirge, das mit seinen steilen Felswänden ein ideales Revier für Bergsteiger und Kletterer ist. Aber auch anspruchsvolle Gratüberschreitungen sind dort möglich; eine der bekanntesten ist sicher der Jubiläumsgrat. An der Zugspitze findet man drei der wenigen deutschen Gletscher, darunter auch die beiden größten.

Vorder Grauspitz (2599 m)
Gebirge: Rätikon

Land und Sprache: Liechtenstein; Deutsch
Charakter und Besonderheiten: Vielfältiges Gebirge, das von sanften Alphügeln über steile Grasflanken bis hin zu schroffen Kalkwänden und bizarren Felstürmen viel zu bieten hat. Mit der Schesaplana, die von der Vorderen Grauspitze gut zu sehen ist, steht im Rätikon auch ein hochalpin vergletscherter Berg.

Dufourspitze (4634 m)
Gebirge: Walliser Alpen, Monte-Rosa-Massiv

Land und Sprache: Schweiz, Italien; Deutsch, Italienisch
Charakter und Besonderheiten: Vollständig vergletscherter Gebirgsstock, in dem die meisten 4000er der Alpen stehen. Die Ostwand des Monte-Rosa-Massivs, die fast direkt auf die Dufourspitze führt, ist mit rund 2500 Metern die höchste Eiswand der Alpen.

Gran Paradiso (4061 m)
Gebirge: Grajische Alpen, Paradiso-Gruppe

Land und Sprache: Italien; Italienisch und Französisch
Charakter und Besonderheiten: Teilweise vergletscherte Gebirgsgruppe; mit dem Gran-Paradiso-Nationalpark entstand dort ein Naturreservat von außergewöhnlicher Schönheit und Vielfalt. Zudem war der Nationalpark lange letztes Refugium für die gefährdeten Steinböcke, die sich von dort wieder über den gesamten Alpenraum ausbreiten konnten.

Mont Blanc (4810 m)
Gebirge: Mont-Blanc-Gruppe

Land und Sprache: Frankreich, Italien, Schweiz; Französisch, Italienisch
Charakter und Besonderheiten: Als höchstes Gebirgsmassiv der Alpen komplett vergletschert. Neben den vergletscherten Gipfeln begeistert aber auch die Vielzahl an Granitnadeln und -graten, die oft lang und anspruchsvoll sind und Bergsteiger aus aller Welt anziehen.

Entdecken statt sammeln

Weil die Seven Summits der Alpen in sieben verschiedenen Ländern und sieben verschiedenen Gebirgsregionen liegen, gibt es dieses Buch. Denn es soll anregen – anregen, nicht nur den Fokus auf die Superlative der »Höchsten« zu legen, sondern bewusst die Region um diesen Berg herum zu entdecken und zu erleben. Eine Reise zu unternehmen und etwas Zeit zu investieren, um sich dem »Seven Summit« zu nähern, sein Umfeld kennenzulernen und den Berg zu »verstehen«.

Eine solche Annäherung bietet zudem die Gelegenheit, sich auf die Besteigung vorzubereiten. Den Charakter des Gebirges und der Wege zu erleben, sich zu akklimatisieren und von anderen Gipfeln der Region aus die Aufstiegsroute zu studieren. Und wenn man am Ende dem Seven Summit gar nicht aufs Haupt steigt, so hat man trotzdem eine faszinierende Bergregion besucht, großartige Bergtouren erlebt, eine neue Landschaft, Sprache und Kultur kennengelernt – eine Reise zu den Seven Summits lohnt also immer. Die hier vorgestellten Touren sind eine Auswahl mit unterschiedlichen An-

Nicht nur oben ist es schön – auch die kleinen Wunder am Wegrand können das Herz erfreuen, etwa der »Schusternagel«-Enzian

sprüchen und Schwierigkeiten. Es gibt aussichtsreiche Halbtageswanderungen, leichte und etwas anspruchsvollere Hochtouren, Klettersteige und mittelschwere Klettertouren. Für jeden, der die Regionen der Seven Summits kennenlernen möchte, ist da etwas dabei. Die beschriebenen Touren sollen aber auch motivieren, auf weitere Entdeckungsreisen zu gehen. Denn jede der Regionen bietet eine unglaubliche Vielfalt an alpinen Zielen, die es zu besuchen gilt.

Schwierigkeiten, leicht verständlich

Richtig Spaß hat man beim Bergsport natürlich nur, wenn die persönlichen Fähigkeiten zum Ziel passen – nach dem alten Bergsteiger-Motto: »Man soll der Tour nicht nur gewachsen sein, sondern überlegen.« Nur dann hat man bei Unvorhergesehenem Reserven. Die wohl wichtigste Grundlage dafür ist eine verlässliche Einstufung des Schwierigkeitsgrades.
Dabei ist zuerst zwischen Äpfeln, Birnen und Zwetschgen zu unterscheiden.

Zum »Auf geht's« braucht's an Schmalz – deshalb erst mal eine kräftige Brotzeit auf der Pfälzer Hütte.

Langweilig? Lächerlich? Von wegen! Die Herausforderung »Seven Summits« bietet anregende Beschäftigung – ach ja, der Steinbock am Montasch ruft: »Auf geht's!«

Wandern, Klettersteige, Kletter- und Hochtouren sind unterschiedliche Disziplinen, für jede gibt es spezielle Bewertungsskalen. In den Touren-Infos sind Wanderungen nach der T-Skala (T1 bis T6) bewertet, Klettersteige nach der Schall-Skala (KS A bis KS F), Kletterstellen nach UIAA (I bis XII) und Hochtouren nach der siebenstufigen »Alpenskala«, die im Schweizer und französischen Raum gebräuchlich ist; zur Schnellübersicht dienen drei Piktogramme für »Wandern«, »Klettersteig« und »Hochtour«, die farblich codiert sind; eine Vergleichstabelle finden Sie auf Seite 16.

Ein Wort zu den Gefahren

»In den Bergen kann man Großartiges erleben, man kann aber auch sterben.« Wer diesen einfachen Satz versteht und verinnerlicht, braucht nicht mehr viele Tipps. Zur effektiven Tourenplanung und zum Erkennen alpiner Gefahren samt Gegenmaßnahmen gibt es umfangreiche Literatur; ein paar Stichwörter sollen genügen:

Ein Bergtag neigt sich dem Ende zu – der Blick von der Cosmiqueshütte gegen den Mont Blanc du Tacul

Farbe	Wandern	Klettersteig	Klettern	Hochtour
blau (leicht)	**T1:** gebahnte, markierte Wege (DAV: gelb) **T2:** stellenweise steil oder absturzgefährlich (DAV: blau)	**KS A:** Sicherungen hauptsächlich begleitend, mäßig steiles Gelände **KS B:** steileres Gelände, Drahtseil oder Leitern als Steighilfe	**I** Hände werden zur Balance und zum Stützen gebraucht, kein Gehgelände mehr	**L = leicht** leichte Felskletterei (I–II) und einfache Firnhänge oder Gletscher
rot (mittel)	**T3:** teils exponiert, absturzgefährlich, leichte Kletterei und gesicherte Stellen möglich **T4:** öfter exponiert, mit kurzen, auch ungesicherten Kletterstellen (DAV: rot)	**KS C:** anstrengendes Ziehen am Drahtseil in steileren Passagen, Leitern oder Bügel auch mal überhängend	**II** alle vier Gliedmaßen sind im Einsatz in steilerem Gelände	**WS = wenig schwierig** mehr Kletterei (II–III), aber wenig exponiert, Gletscher und Firnhänge noch relativ harmlos
schwarz (schwer)	**T5:** oft weglos mit längeren Kletterstellen und Schrofen oder Firnfeldern (DAV: schwarz) **T6:** viel wegloses Gelände mit längeren, ausgesetzten Kletterstellen bis II, evtl. Gletscher	**KS D:** oft senkrecht, nur noch wenige Tritthilfen für das mühsame Ziehen am Drahtseil **KS E:** teils überhängend, sehr kraftraubende Passagen, entsprechen Klettern im IV.–V. Grad	**III, IV** senkrechtes, teils überhängendes Gelände, das schon ordentlich Kraft und Technik erfordert	**ZS = ziemlich schwierig** regelmäßig anspruchsvolles Gelände mit längerer, exponierter Kletterei (III–IV), steilem Eis und/oder spaltenreichen Gletschern

Planung Plane deine Bergtour exakt und umfassend. Das Munter-Schema »3 x 3« bietet dafür die Erinnerungsstütze: Die drei Faktoren **Gelände** (Schwierigkeiten, Anspruch etc.), **Verhältnisse** (Schneelage, Wetter etc.) und **Mensch** (Erfahrung, Tagesform, Teamgeist etc.) werden in den drei Stadien **zu Hause** (Planung am Tisch/Computer), **vor Ort** (erster Blick und Abgleich mit Erwartungen) und **auf Tour** (regelmäßige Wahrnehmung und Verarbeitung) beobachtet; dann zieht man angemessene Konsequenzen. Dabei heißt Planung immer Flexibilität: Zu einem Zeitplan gehören Checkpunkte, Erfolgskriterien und Umkehrbedingungen und mindestens ein Plan B.

Information Dieses Buch stellt die wesentlichen Informationen zu den beschriebenen Touren in hoffentlich unterhaltsamer Form bereit. Spezielle Führerliteratur enthält oft detailliertere Information, auch im Internet finden sich zunehmend ausführliche Beschreibungen; ihre Zuverlässigkeit kann allerdings schwanken. Wesentlich ist eine gute Karte – möglichst eine amtliche Karte oder Alpenvereinskarten. Google Earth und Bilder im Internet können helfen, einen dreidimensionalen Eindruck von der Region zu gewinnen. Vor der Tour ist der Check des Wetterberichts selbstverständlich.

Ausrüstung An schlechter Ausrüstung scheitert heute kaum noch eine Tour, Unfälle sind eher auf falschen Gebrauch der Ausrüstung zurückzuführen.

Wähle deshalb die passende Ausrüstung für deine Tour, lerne aber vor allem, richtig damit umzugehen – und notwendige Sicherungsmaßnahmen schnell, effizient und korrekt durchzuführen. Kleiner Tipp: Warme Wetterschutzbekleidung (Anorak, Mütze, Handschuhe) sind im Rucksack immer gut aufgehoben, genauso wie Sonnenschutz (Brille, Creme mit Lichtschutzfaktor 30+), Erste-Hilfe-Päckchen und Handy.

Faktor Mensch Bei genauer Betrachtung passieren fast alle Bergunfälle (80 bis 90 %) durch menschliches Versagen oder durch kleine Fehler, die eine Folgekette in Gang setzen. Deshalb: Bereite dich gründlich vor! Lerne Bewegungs- und Sicherungstechnik. Verstehe die Grundlagen des Risikomanagements, von Wetterkunde und Orientierung. Aber vor allem: Sei ehrlich! Dir selbst gegenüber, aber auch gegenüber deinen Partnern. Nur wer Probleme, Bedenken, Ängste offen ausspricht, kann Gefahren frühzeitig erkennen und angemessen darauf reagieren – und lange mit Freude in den Bergen unterwegs sein. **Merke: Wer umkehrt, kann wiederkommen. Wer zu weit geht, vielleicht nicht mehr.**

In diesem Sinne wünschen wir Ihnen viel Freude auf den »Seven Summits der Alpen« und drum herum – und immer ein gesundes Heimkommen.

Stefan Heiligensetzer
Andi Dick

Ein kleines Wörterbuch

Zeit für einen »Sun Downer« –
stimmungsvoll inszeniert die Sonne ihren
Abgang bei der Cosmiqueshütte.

Deutsch	Slowenisch	Italienisch	Französisch
Gipfel	vrh	Cima, Punta	Mont, Aiguille
Hütte	dom	Capanna, Rifugio	Cabane, Réfuge
Gletscher	ledenik	Ghiacciaio	Glacier
See	jezero	Lago	Lac
Seilbahn	Žičnica	Funivia	Téléphérique
Fels	skala	Roccia	Rocher
Schnee	sneg	Neve	Neige
Eis	led	Ghiaccio	Glace
Nord	sever	Nord, settentrionale	Nord
Ost	vzhod	Est, orientale	Est
Süd	jug	Sud, meridionale	Sud
West	zahod	Ovest, occidentale	Ouest
klein	mala	piccolo	petit
groß	velika	grande	grand
rechts	desno	destra	droite
links	levo	sinistra	gauche
guten Tag	dobar dan	buon giorno	bonjour
danke	hvala	grazie	merci
bitte	prosim	per favore	s'il vous plaît
gern geschehen	ni za kaj	prego	de rien

Beschwingt nach oben – am Partisanendenkmal unter der Triglav-Nordwand
starten die nördlichen Normalwege zum
höchsten Gipfel Sloweniens.

1. Slowenien: Triglav (2864 m)

1. Triglav (2864 m)
Slowenien

Das ganz besondere Gebirge Es gibt viele schöne Gegenden in den Alpen. Und doch: Kaum jemand kommt aus den »Julischen« zurück, ohne zu schwärmen. Diese Berge ergreifen das Herz und lassen es singen. Kahle Kalkgipfel, mächtige Bastionen von dolomitischem Format krönen den Himmelsrand; darunter strecken sich undurchdringliche, nachtgrüne Waldtäler und duftende Almwiesen mit überbordender Blütenpracht. Diese Schönheit spiegelt sich in klaren Seen, die zum erfrischenden Bad laden und so sauberes Wasser haben, dass man aus ihnen unbesorgt trinken könnte. Aus den Schutthalden plätschern glitzernde Wildbäche zu Tal, wo sie das geheimnis-

»O Triglav, meine Heimat« dichtete Jakob Aljaz, ein Priester und Komponist, der am Triglav Hütten stiftete; das Aljazev Dom im Vratatal trägt seinen Namen.

»Es war … der sehnliche Wunsch, den Berg, der mich eben beschäftigte, von allen Seiten zu sehen und kennenzulernen.« – Julius Kugy, Bergpoet, vor dem Jalovec

volle Türkis der Soča nähren. Wie schön, dass ausgerechnet eine solche Zauberwelt am Anfang dieses Buches stehen darf – Berg-Erleben in Urform!

Keine Angst vor fremden Sprachen! Slowenien scheint als östlichstes Land der Alpen fern, fremd, einschüchternd. Doch alle Vorbehalte sind unbegründet. Obwohl das Land einst als Teil von Jugoslawien fast schon dem Balkan zugeordnet wirkte, ist es westeuropäisch geprägt. Wer in einer Pension auf Englisch nach einem Zimmer fragt, kann erleben, dass der Wirt antwortet: »Warum sprechen Sie nicht Deutsch mit mir? Dort hinter dem Berg liegt doch schon Österreich!« Tatsächlich: Nur der relativ niedrige Hügelkamm der Karawanken trennt Kärnten vom Romatal, in dem Kranjska Gora liegt und das Zugang zu allen Gipfeln bietet. Im 19. Jahrhundert herrschte reger Handel und Austausch zwischen Villach, Triest und den Orten des heutigen Sloweniens, der weltmännische Lebensstil des k.u.k.-Österreich hinterließ mit seiner klassizistischen Architektur Spuren bis weit hinunter nach Kroatien. Man muss keine an Zischlauten reiche osteuropäische Sprache lernen, um in den Juliern durchzukommen; ein paar Brocken Deutsch spricht hier fast jeder, und der Bildungsstand ist so hoch, dass viele besser Englisch reden als in Italien oder Frankreich. Über ein paar Floskeln im Idiom des Gastlandes freut sich natürlich trotzdem jeder Einheimische, und im westlichen, italienischen Teil wird eben auch Italienisch gesprochen …

Ein Land der Bergsteiger ist Slowenien – von der Breite bis zur Spitze. Topalpinisten wie Marko Prezelj, Tomaž Humar oder Silvo Karo haben an den Bergen der Welt wegweisende Marksteine hinterlassen. Und auf dem Nationalgipfel, dem Triglav, der die Flagge, Geldstücke und Briefmarken ziert, muss eigentlich jeder Slowene einmal in seinem Leben gestanden haben. Entsprechend gepflegt ist die alpine Infrastruktur: Bestens angelegte und markierte Wege führen hinauf zu schlichten Hütten und auf die Gipfel, eine große Zahl von Klettersteigen windet sich auf natürlichem Weg durch die Wände und über die Grate. Alles ist so geschickt in die Landschaft gefügt, dass man stets das Gefühl behält, ursprüngliche Natur zu betreten.

Julius, Poet der »Julischen«

Mag der Name »Julische Alpen« womöglich gar von Julius Cäsar abstammen: Untrennbar und prägend mit ihnen verbunden ist Julius Kugy, ein Kaufmann aus Triest, der Ende des 19. Jahrhunderts dieses Gebirge kreuz und quer durchstreifte, unermüdlich und begeistert erforschte und viele Routen auf zahlreiche Gipfel erstbeging. In berührenden Texten schilderte er seine Erlebnisse in der wilden Landschaft und mit seinen Führern, mit denen ihn partnerschaftliche Freundschaft verband. Südlich des Vrsicpasses, mit Blick übers Trentatal zum Jalovec, hat man ihm ein Denkmal gesetzt; wer seine Bücher liest, hat ihn stets im Herzen dabei.

Informationen

Ausgangsort

Kranjska Gora (810 m) auf der Nordseite der Julischen Alpen ist ein idealer Stützpunkt für alle beschriebenen Touren. Der Ski- und Tourismusort bietet jede Menge Hotels und Pensionen.

Anfahrt

Auf der Tauern-Autobahn von Salzburg nach Villach, dann entweder weiter Richtung Udine und in Tarvisio ausfahren oder gleich über den Wurzenpass nach Kranjska Gora (335 km von München). Busverbindung vom Bahnhof Jesenice (SLO) an der Strecke Villach–Ljubljana.

Beste Zeit

Anfang/Mitte Juni bis Ende September; im Frühsommer Achtung auf Schnee in den Nordseiten! Im Juni ist die Flora am schönsten.

Karte

Freytag&Berndt-Wanderkarte 1:50 000, WK 141 »Julische Alpen«

Literaturtipp

Die Bücher von Julius Kugy stimmen ideal ein auf die wilde Schönheit der Julischen; sie sind teils antiquarisch erhältlich; besonders empfehlenswert: »Aus dem Leben eines Bergsteigers«, »Arbeit – Musik – Berge«, »Die Julischen Alpen im Bilde«

Tourismus-Information

TIC – Touristisches Informationszentrum Kranjska Gora, Kolodvorska ul. 1c, SI-4280 Kranjska Gora, Tel. 0 03 86/4/5 80 94 40, Fax 0 03 86/4/5 80 94 41, tic@kranjska-gora.eu

Böse Zeiten sind vorbei An Österreich und Italien grenzend, hatte Slowenien seinen Teil am Leid der großen Kriege zu tragen, von Napoleon bis zum II. Weltkrieg. Besondere traurige Berühmtheit erlangten die Isonzoschlachten, zwölf blutige Auseinandersetzungen entlang der Frontlinie am Fluss Soča (Isonzo) zwischen 1915 und 1917, bei denen auf Seiten Italiens und Österreich-Ungarns über 300 000 Soldaten ums Leben kamen – ohne dass groß Land gewonnen oder der Kriegsausgang wesentlich beeinflusst worden wäre. Auf Relikte wie Schützengräben, Stacheldraht oder Kohledepots kann man am Berg immer wieder treffen; Schilder informieren Touristen nicht nur über alpinistische, geologische oder ökologische Besonderheiten, sondern auch über jene Grausamkeiten, die man sich im vereinten Europa kaum noch vorstellen mag. So wurde etwa die zentrale Straßenachse über den Vršičpass von

Natur wie im Urzustand findet man oft in den Julischen Alpen. Knapp unter der geradezu mystischen Sočaquelle springt der junge Wildbach über bemooste Steine.

12 000 russischen Kriegsgefangenen in Zwangsarbeit angelegt und zahlreiche von ihnen starben an Hunger, durch Kälte oder Lawinen.

Viel gibt es hier zu entdecken Natürlich steht der Triglav im Zentrum allen Begehrens. Wer jemals von der Hütte Aljažev Dom oder dem nahe gelegenen Partisanendenkmal die gewaltige Nordwand in den Himmel schießen sah, muss da einfach hinauf. Verblüffend leicht – na ja, alles ist relativ im Gebirge – ist der Normalweg aus dem Vratatal über Prag- oder Tominsekweg und den Ostgrat; der Bambergweg fordert schon etwas mehr alpine Sicherheit, und gute Kondition braucht man allemal. Schon 1777, neun Jahre bevor die Erstbesteigung des Mont Blanc den heutigen Alpinismus einleitete, unternahm der Alpenforscher Belsazar Hacquet den ersten, erfolglosen Besteigungsversuch; die Krone fiel ein Jahr später, am 26. August 1778, an die vier Slowenen Lovrenc Willomitzer, Luka Korošec, Stefan Rožič und Matija Kos. Julius Kugy, Erschließer und Troubadour der Julischen, querte Ende des 19. Jahrhunderts auf dem »Kugyband« durch den gewaltigen 1500-Meter-Abbruch der Nordwand; die erste Durchsteigung gelang 1906 den Salzburgern Felix König, Hans Reinl und Karl Domenigg. Danach suchten sich »Wiener«, »Deutsche«, »Bayerländer«, aber auch »Slowenen« ihren jeweiligen Weg durch die Pfeiler und Schluchten, die bis heute ernste Ziele für Alpinisten jeder Couleur bieten.

Vielfalt regiert Wer nur den Triglav abhakte, würde den Julischen nicht gerecht – und würde vieles verpassen. Der Himmelskamm des Montasch (übrigens der »Second Summit« Sloweniens…), die Klettersteige am Mangart, der Felsenweg zur Mojstrovka über den Panoramawiesen der Sleme – das sind nur ein paar Vorschläge. Es warten der Prisojnik mit grandiosen Klettersteigen, der Dreikant des Jalovec, der endlose Gratkamm der Ponzamauer, die einsamen Karstflächen der Sieben Seen… Ein Blick in die Karte, und das Träumen kann beginnen. Slowenien und die Julischen Alpen: viel näher als man denkt. Und ergreifender, als die Fantasie es zu malen vermag.   *–ad–*

Okay, die Sprache ist gewöhnungsbedürftig. Aber mit einer guten Karte findet man sich überall zurecht, und die Menschen sind freundlich und sprechen oft gut Deutsch.

1.1

Triglav (2864 m) über den Tominšekweg

Im Bann der großen Nordwand

schwer | leicht | 10–13 Std. | 1750 Hm

Tourencharakter
Zwei-Tage-Tour auf Wegen in alpinem Gelände mit längeren, leichten Klettersteigpassagen und auch ungesichertem Absturzgelände.

Ausrüstung
Nur wer alpin sehr sicher ist, kann aufs Klettersteigset verzichten, ein Helm schadet nie. Im Frühsommer evtl. Material für Hartfirn.

Ausgangspunkt
Parkplatz an der Hütte Aljazev Dom (1015 m) im Vratatal, Straße von Mojstrana, 12 km östlich von Kranjska Gora.

Gipfel
Triglav (2864 m)

Gehzeiten
Aljažev Dom – Triglavski Dom (2515 m) 5–6 Std. – Triglav (Ostgrat) 1½ Std.; Abstieg Hütte 1 Std. – Tal 3–4 Std.

Hütten
Aljažev Dom (1015 m), 0 03 86/ 45 89 51 00, 0 03 86/ 31 38 40 11, pd.dovje-mojstrana@siol.net. Triglavski Dom (2515 m), 00386/45 31 28 64, 0386/12 31 26 45, info.pdljmatica@siol.net

Die Triglav-Nordwand ist eine der höchsten Wände der Ostalpen. Knapp seitlich neben dem Abbruch zieht der Tominsekweg durch die Felsflanke, über ein wildes Karstplateau und zuletzt am drahtseilgeschmückten Ostgrat auf Sloweniens höchsten Gipfel. Auch wenn man nicht allein sein wird: Entdeckerfreuden können hier aufkommen.

Eine Meile Stein Um rund 1600 Meter überragt die Felsenbastion der Triglav-Nordwand das grüne Vratatal, das Herzstück des Nationalparks Triglav mit Wasserfällen und dem urwüchsigen Bukovlje-Buchenwald. Allein dem Weg durch dieses Tal zu folgen, wäre schon eine abwechslungsreiche Wanderung. Natürlich wollen es Gipfelstürmer schneller und fahren mit dem Auto in den Talschluss. Ein paar Minuten nur sind es vom Parkplatz bei der schnuckeligen Hütte Aljažev Dom bis zum Partisanendenkmal, einem riesigen Felshaken mit Karabiner, in dem man schaukeln kann und versuchen, den Anblick zu erfassen: Drei mächtige Pfeiler gliedern die unteren 1000 Wandmeter bis zum »Kugyband«, darüber geht es noch etliche Meter hinauf zum Gipfel. Den IV. Grad verlangt schon der leichteste Anstieg, es gibt auch schwierigere, das Hauptproblem wird immer die Dimension bleiben, die in nur wenigen anderen Alpenwänden zu finden ist – und die Wegfindung durch die labyrinthische Felsenmauer.

Einsamkeit zum Greifen mag man empfinden auf dem öden und doch so bezaubernden Karstplateau Kredarica unter dem Triglavgipfel.

In Zlatorogs Reich begibt man sich bei der Besteigung des Triglav. Der sagenhafte Steinbock mit den goldenen Hörnern hat dort oben sein Revier.

Da soll es hinaufgehen? Ja doch, es ist möglich: Die großzügige Felsflucht ist nicht überall senkrecht. Am linken Rand neigt sich die Steilwand zu (gehoben) wandergerechter Schräglage. Starke Oberschenkel und Nerven sind trotzdem wertvoll am Tominšekweg. Schon die ersten Meter durch rattensteilen Wald beeindrucken, dann schlängelt sich der Steig durch Flanken und Schluchten, ein paar Drahtseile und Trittstufen helfen – und bei jeder Atempause stockt selbiger, wenn das Auge hinüberschwenkt zur großen Wand. Unter steilen Türmen quert der Steig zuletzt hinauf auf das Karstplateau Kredarica; riesige Felsplatten, von fußtiefen Karren gerillt – wohl dem, der keinen Nebel oder Schnee antrifft und die Markierungen findet. Eine Übernachtung auf der Hütte Triglavski Dom mit ihren spitzen Giebeln und den vom Wetter ausgelaugten, grauen Holzschindeln ist angesagt, wenn man nicht gerade der Konditionstiger ist. 1200 steile Aufstiegsmeter sind schließlich schon etwas, und danach warten noch ein paar konzentrationsbedürftige Passagen.

Die Gipfeletappe hat's noch mal in sich Ein paar Meter geht es abwärts von der Hütte, dann setzt es an, das »Stachelschwein«, wie der Ostgrat

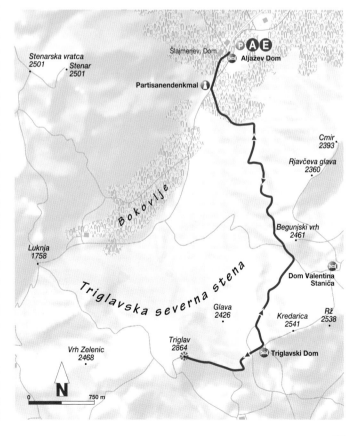

Gleich ist es geschafft: Wenn der Gipfelturm Aljazev Stolp in Sicht kommt, ist bald der höchste Punkt Sloweniens erreicht.

Das dreiköpfige Nationalheiligtum

Nicht etwa »Triglaf« spricht sich der König von Slowenien, eher »Terglou« – »der Dreiköpfige« soll der Name bedeuten, wobei nicht ganz klar ist, ob ein dreiköpfiger Gott Pate stand oder die dreigliedrige Form des Gipfelaufbaus; dafür spräche sein italienischer Name Monte Tricorno. Der höchste Berg Sloweniens ist dem bergbegeisterten Volk heilig; er steht im Zentrum des Landeswappens und damit auch der Staatsfahne und schmückt die 50-Eurocent-Münze. Jeder Slowene muss einmal in seinem Leben rauf; 20 000 sollen es pro Jahr schaffen.

wegen der als Geländer aufgestellten Drahtseilstützen manchmal respektlos genannt wird. Nicht wirklich schwer ist er, aber auch nirgends banal. Am Anfang geht es einige Meter steil durch eine Felsflanke hinauf – gut, wenn kein Restschnee mit Abrutschoptionen winkt. Nach den Kraxelpassagen heißt es balancieren am Grat; das Drahtseilgeländer ist gar nicht so unwillkommen … Steil und mit offenkundig brüchigen, rotgelben Felsen pfeift der letzte Arataufschwung gen Gipfel. Aber auch hier helfen Drahtseile über den günstig strukturierten Fels hinauf. Höchstens Gegenverkehr oder andere Gipfelaspiranten können die Freude trüben und Wartezeiten verursachen; bei schönem Wetter soll das keineswegs die Ausnahme sein … Dann steht man oben auf dem Gipfel und hat geschafft, was jeder richtige Slowene einmal in seinem Leben getan haben muss. Wie die Einheimischen posiert praktisch jeder Triglav-»Bezwinger« mit dem kleinen Gipfeltürmchen Aljažev Stolp – wer es schafft, sich durch den knapp bemessenen Eingang zu winden, findet drinnen ein gemaltes Gipfelpanorama, das bei der Analyse der viel gerühmten Aussicht helfen kann. Das Hauptinteresse wird den umstehenden weiteren Gipfelzielen der Julischen Alpen gelten; ins Auge springen die Glet-

Die Ehre ist gerettet: Die Slowenen sind ein Volk von Bergfreunden. Auf das Nationalheiligtum Triglav zu steigen, ist eine der ersten Bürgerpflichten.

scherflächen der Tauern im Norden und die fernen, grauen Felskämme der Dolomiten. Doch am fremdesten, geheimnisvollsten ist das weite Land Richtung Osten: Balkan, Puszta, Karst…

»Dir, mächt'ger Triglav, gilt mein Lied mein Grüßen! / Drei Häupter hebst du trotzig in die Höh' / Wie jener Gott, nach dem sie einst dich hießen / Und jedes trägt ein Diadem von Schnee / Ich bin umstarrt von hundert Bergesriesen / wenn schwindelnd ich auf deinem Scheitel steh' / Es lacht ein grün Geländ' zu meinen Füßen / Mich grüßt Italien und die blaue See.« So reimte Rudolf Baumbach in seinem Epos »Zlatorog«; auf dem Gipfel mag man in Stimmung sein, die pathetischen Emotionen nachzuempfinden und sich vom Mythos einhüllen zu lassen. Die goldenen Hörner des sagenhaften Steinbocks Zlatorog (bei Kranjska Gora steht er in Bronze gegossen, siehe Seite 27) sollten Zugang zur Zauber- und Schatzhöhle im Berg Bogatin erlauben. Gemeinsam mit den Weißen Gämsen bewachte Zlatorog den Göttergarten der Vilen mit der wundertätigen Triglavrose. Als ein Jäger Zlatorog anschoss, sprossen aus seinen Blutstropfen Triglavrosen, die das wunde Tier heilten; er stürzte den Jäger ins Tal und zerstampfte im Zorn den Zaubergarten; die kahlen Höhen des Triglav aber blieben.

Kahl ist alles rundum Fels und Stein prägen die Hochregionen der Julischen Alpen und den Gipfelblick von ihrem Herrscher. Aber schon beim Abstieg zur Hütte werden wieder die ersten kleinen, weißen Kelche des Alpenmohns aufleuchten, der fünfblättrige Himmelsherold mit seinen babyblauen Playmobilblüten, die rosa leuchtenden Polster des Steinbrech, der goldene Strahlenkranz der Gamswurz, das exotisch schwebende Alpenveilchen…Und noch ein kleiner Trost im Blick voraus: Der Abstieg morgen, zurück ins Tal, geht über den Prag-Weg, fast parallel zum »Tominšek«, etwas weiter, aber nicht ganz so knieschnackelnd steil, und zuletzt einem herrlich erfrischenden Bach entlang. Auf Berge steigen ist etwas Schönes – aber wieder herunterkommen ins pralle Leben hat auch was. *–ad–*

1.2

Sleme (1909 m) und Mojstrovka (2366 m)

Schattenwand über der Aussichtswiese

leicht mittel 6–7 Std. 800 Hm

Tourencharakter
Slemenova Špica: leichte Wanderung (blau, T1). Mala Mojstrovka: mittelschwerer Klettersteig (KS B/C, T3). Velika Mojstrovka: leichte weglose Bergtour (T5). Eventuell steiles Firnfeld am Klettersteig-Einstieg.

Ausrüstung
Klettersteigausrüstung inkl. Helm.

Ausgangspunkt
Vršič-Pass (1611 m), 12 km von Kranjska Gora entfernt.

Gipfel
Slemenova Špica (1909 m), Mala Mojstrovka (2332 m), Velika Mojstrovka (2366 m)

Gehzeiten
Vrsicpass – Slemenova Špica 1½ Std. Einstieg Mojstrovka-Klettersteig ¾ Std. – Mala Mojstrovka 2 Std. – Vrsicpass 1½ Std. Velika Mojstrovka ca. 1 Std., 100 Hm zusätzlich

Hütte
Zur Einkehr: Tičarjev Dom (1680 m), am Vršič-Pass, Tel. 0 03 86/51 63 45 71, plan.drustvo@siol.net

Als einer der schönsten Aussichtspunkte der Julischen Alpen wird die Sleme bezeichnet, ein wahrhaft romantisches Wiesenplätzchen. Darüber ragt steil und düster die Nordwand der Mala Mojstrovka auf, die von einem typisch klassischen Klettersteig verblüffend findig überlistet wird – hinauf zum nächsten Aussichts-Höhepunkt.

Im Krieg gebahnt wurde die Straße zum Vršič-Pass (1611 m): Über 12 000 russische Kriegsgefangene legten bis 1917 die Strecke von Kranjska Gora ins Trentatal mit ihren 50 Haarnadelkurven an, entlang der alten Handelsstrecke durchs Herz der Julischen Alpen. Spezielle Lawinenzäune sollten die Arbeiter schützen; dennoch kamen 1916 ungefähr 300 Zwangsarbeiter und einige österreichische Wächter in einer Lawine ums Leben. Eine Kapelle erinnert an dieses düstere Kapitel der blutigen Geschichte des Grenzgebirges im I. Weltkrieg. Heute ist die Straße gut ausgebaut, auch wenn man in manchen Kehren noch übers Kopfsteinpflaster rattert. Kaum mag man sich noch vorstellen, wie die Bewohner des Trentatals über den Pass marschieren mussten, wenn sie den Markt in Kranjska Gora oder gar in Villach besuchen wollten.

Von der Passhöhe leiten Wegweiser durch die Ostflanke des Mojstrovkamassivs hinauf, ein etwas mühsam-schuttiger Auftakt; doch danach wird's umso erfreulicher: In sanftem Auf und Ab schlendert man durch Blockfelder und lichte Lärchenbestände hinüber zum grasigen Kamm der Sleme. Gelegent-

So klar, so rein... Aus der märchenhaften Karstquelle der Soča entspringt glasklares Wasser, aus dem ein beliebter, türkisgrüner Wildwasserbach wird.

Nicht mehr weit auf der Halbtagestour: Die Mojstrovka ist kein großer, schwerer oder berühmter Berg – aber man wird zufrieden heimkommen.

lich öffnet sich der Blick nach Norden: hinunter in tannendunkle Täler, hinaus zum Karawanken-Kamm, hinter dem tatsächlich schon Österreich liegt… Bonsaihaft hocken die Lärchen auf Felsbrocken, aus dem Unterholz grüßen die lila Sterne der Clematis (Waldrebe), Schafe ducken sich auf Suche nach Schutz vor dem Wind unter einen Stein. Ein bisschen Schnaufen heißt es auf den letzten Metern zur Sleme, dann ist es erreicht, eines der berühmtesten Aussichtsplateaus der Julischen Alpen. Der hier verfügbare Gipfel, die Slemenova Špica, bricht zwar mit einer von unten beeindruckenden Felswand nach Norden ab, doch die Qualität der Gipfelrast leidet unter den Hinterlassenschaften des Weideviehs – lieber wieder fünf Minuten absteigen. Wiesen mit kleinen Tümpeln, in denen sich Molche tummeln, bieten dort märchenhafte Pausenplätze. Vom Winde verwehte Lärchengestalten säumen die Gipfelblicke: Der Dreikant des Jalovec beherrscht die Szene, tief eingefurcht zieht sich das Planica-Tal zwischen den prallen Wänden des Mojstrovka- und des Ponzamassivs auf ihn zu. Das Bedürfnis, diesen Platz zu verlassen, hält sich in Grenzen.

Doch der Berg ruft Die Nordwand der Mala Mojstrovka ragt unnahbar oder unwiderstehlich – es kommt bekanntlich auf die Intentionen des Betrachters an – über ihrem Schuttfeld auf, das von eher durchwachsener Felsqualität kün-

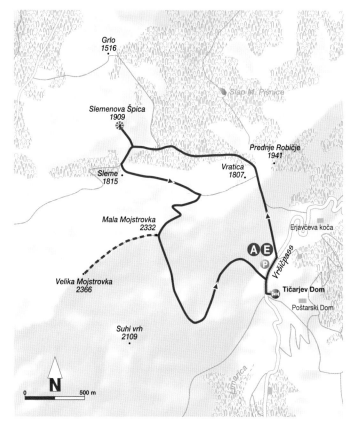

Im Alpengarten im Trentatal findet man die reiche Blumenpracht der Julischen Alpen auf engem Raum versammelt – aber auch im Gelände kann man beispielsweise Glockenblumen finden.

det. Trotz Wanderweg ist es auch relativ mühsam zu queren, bis der Einstieg ziemlich weit links unter der Wand erreicht ist. »Augen auf!« heißt es, dann findet man vielleicht die Markierungen. Eine tiefe Schlucht kerbt die Felsen, ihre rechte, rampenartige Wand erlaubt einen verblüffend leichten Aufstieg. Wie in den Julischen Alpen üblich, suchen hier die Klettersteige noch nach klassischem Muster den natürlichen Weg des geringsten Widerstandes, nicht artistische Sensationen als tourismusfördernden Selbstzweck. Natürlich sichert ein gut gepflegtes Drahtseil den Aufstieg am strukturierten Fels, hilft an einer senkrechten Stelle sogar mal eine Leiter hinauf, aber alles geht in leichtem, fließendem Rhythmus. Bergsteigen, nicht Bergziehen, im Einklang mit den Gegebenheiten des Geländes. Wer hier moderne Klettersteige mit spektakulären Installationen erwartet, ist freilich fehl am Platz – genauso wie der, der sich vom Drahtseil durch alpines Gelände helfen lassen will: Es bleibt genug ungesichertes Absturzgelände, in dem die berühmte »Trittsicherheit« gefragt ist. Ein steiler Schlussspurt am Gipfelaufbau setzt in genau diesem Sinne noch eins drauf – dann steht man oben, inmitten der Julischen Alpen, und kann sich orientieren: ganz im Westen das riesige Massiv von Montasch und Wischberg, deutlich näher die Felskuppe des Mangart hinter der Ponzamauer. Und auf der anderen Seite spitzt hinter dem Prisojnik (dem vielleicht berühmtesten Klettersteigberg der Julischen Alpen mit drei prächtigen Eisenwegen) schon der Triglav hervor.

Wer noch Energie übrig hat, kraxelt auf die nahe liegende Velika Mojstrovka, den höchsten Gipfel des Massivs. Das ist etwas für echte Bergsteiger, die hier eher Einsamkeit finden als auf der »Kleinen«, die wegen ihres Halbtages-Charakters doch von ziemlich vielen Bergfreunden heimgesucht wird. Zur

Klettersteig – das heißt in den Julischen Alpen nicht event-touristische Installation, sondern gesicherter Pfad auf der Linie des geringsten Widerstands, wie hier an der Mojstrovka.

Hauptgipfel muss man sich, nach einem kurzen Abstieg im Geröll, seinen Weg ohne Markierungen selbst suchen. Trittspuren findet das kundige Auge durchaus; sie leiten durch eine steile Rinne hinauf zum Gipfelrücken, den man über prächtige Reibungsplatten hinauftänzeln kann. Man möchte einfach weitermarschieren auf dem Kamm Richtung Jalovec … Wer den ganzen Tag Zeit hat und sich von einer IIer-Stelle nicht gleich verprellen lässt, kann das auch mit viel Vergnügen tun; von der Jalovska Skrbina, der Scharte vor dem Jalovec, führt ein Wanderweg zurück zum Vrsicpass. Der normale Abstieg von der »Velika« Mojstrovka ist der gleiche wie von der »Mala«: ein mittelschwerer Weg führt hinunter in eine Scharte, etwas geröllig abwärts und in längerer Querung zurück zum Vrsicpass. Könner finden in dem auffälligen Geröllstreifen perfekten Abfahrtsgenuss – fast direkt zur Terrasse der Hütte Tičarjev Dom – mit Žganci z zeljem (»Heidensterz«/ Buchweizen mit Kraut), hrenovka (Frankfurter Würstchen), postrvi (Forelle) oder zavitek (Apfelstrudel) – *Dober tek!* (Guten Appetit!).   –ad–

Sočaquelle und Alpengarten

Die Mojstrovka ist nicht nur wegen ihrer zentralen Lage und des relativ kurzen Anstiegs eine ideale Kennenlerntour. Es zwingt sich geradezu auf, nachmittags noch vom Vršič-Pass hinunterzufahren ins Trentatal. Vorbei am Denkmal für Julius Kugy, den großen Erschließer und Poeten des Gebirges, in die Zadnja Trenta zur Sočaquelle (Koča pri izviru Soče): Ein netter Wanderweg mit einer Drahtseilquerung zum Schluss führt am jungen Bach entlang zur Quelle, die türkisblau in einem Felsspalt leuchtet – ein geradezu mystisches Erlebnis. Und danach bietet der Alpengarten einen Live-Überblick über die viel gerühmte Blumenpracht der »Julischen«.

1.3 Mangart (2677 m)

Wie schwer hätten Sie's gern?

Der italienisch-slowenische Grenzberg wird durch eine spektakuläre Straße erschlossen. Die bergsteigerische Befriedigung behindert das nicht. Im Gegenteil: Jeder seiner drahtseilgesicherten Anstiege hat was – und wem die Kondition reicht, der kann sich mehr als einen davon leisten.

Die höchste Straße Sloweniens ist es: zwölf Kilometer, 1000 Höhenmeter, 18 Prozent Steigung, fünf Tunnel; 1940 wurde sie gebaut. Die relativ bescheidene Mautgebühr ist gut angelegt, denn sie macht aus dem Mangart, der mit dem Ponzakamm als mächtige Nordwandmauer über den Weißenfelser Seen strotzt, ein Halbtagsziel – ein trotzdem begehrenswertes. Alpenrosen und Glockenblumen säumen den Weg, der zunächst ganz gemütlich unter dem grasigen Kamm entlangführt. Wer mag, kann (beim Auf- oder Abstieg) noch den Travnig (2204 m) »mitnehmen«, einen Grasgipfel mit dem vollen Tiefblick auf die Weißenfelser Seen.

Dann heißt es sich entscheiden links hinunter zur steilen »Italienischen Ferrata«? Geradeaus weiter am Normalweg? Oder rechts ab zum »slowenischen« Klettersteig? Der ist vielleicht der beste Vorschlag: eine verblüffend clever gefundene, natürliche Linie durch die steile Westwand, die mit ein paar Drahtseilen und ganz wenigen weiteren Steighilfen auskommt. Eine luftige Rampe zum Auftakt, dann quert man eine düstere Schuttschlucht, schlängelt sich auf eine Felsschulter hinauf und von dort durch einen schmalen Schlupf

Luftig, luftig! Die »Ferrata Italiana« zum Mangart ist der steilste der hier beschriebenen Klettersteige, der Tiefblick bemerkenswert.

zu den Gipfelfelsen. Hoch über den Wellen der südlichen Vorberge trottet man schließlich über das Gipfeldach hinauf zur geschmückten Madonna und ist einfach zufrieden.

Wildnis-Romantik bieten die Weißenfelser Seen, mit Blick zum Mangart.

Auf felsigem Grat führt der Normalweg abwärts, markiert und, wo nötig, gesichert, ein bisschen Geröll stört nicht groß. Früh im Jahr können nordseitig steile Schneefelder Aufmerksamkeit erfordern, und auch die plattige Felsflanke hinab zur Verzweigung des Aufstiegs verlangt saubere Gehtechnik. Wer das alles souverän erledigt und noch Energie und Motivation übrig hat, kann jetzt noch eins draufsetzen: Aus der Scharte vor dem Travnik führt ein steiler Weg hinunter auf die italienische Seite. Nach 200 Höhenmetern quert man hinüber an die Nordwand zum Einstieg der »Italienischen« Ferrata. Die ist um einiges anstrengender als ihr slowenischer Zwilling, entsprechend gehoben ist der Spaß, wenn man's kann. Eine überraschende Höhle gleich nach dem Start, eine luftig-luftige Querung um ein senkrechtes Eck – und dann: Richtung oben und immer geradeaus! Dann steht man wieder auf dem Normalweg und hat den Mangart gründlich erlebt.   *–ad–*

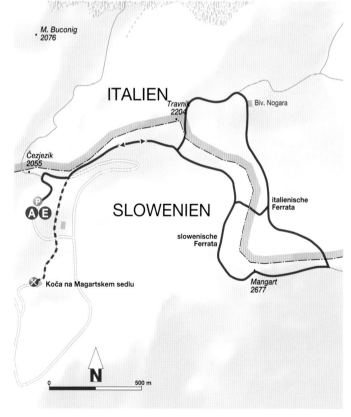

1.4 Montasch (2753 m)

Steinbockberg über der Käsealm

schwer   leicht   6–7 Std.   1250 Hm

Tourencharakter
Bergtour (L, T6) mit ungesicherter, leichter Kletterei (Stellen II); der Normalweg (Abstieg) und der Sentiero Leva sind leichte Klettersteige (KS A–B).

Ausrüstung
Nur wer alpin sehr sicher ist, kann aufs Klettersteigset verzichten, ein Helm schadet nie was. Im Frühsommer evtl. Material für Hartfirn

Ausgangspunkt
Pecolalm, 1519 m, Straße von Tarvisio über die Sella Nevea (ca. 20 km)

Gipfel
Montasch (2753 m), evtl. Cima di Terra Rossa (2420 m)

Gehzeiten
Pecolalm – Forcola dei Disteis – Montasch 4 Std., Abstieg über Sentiero Brazzà 2½ Std.; Variante über Levaweg zur Cima di Terra Rossa 2–3 Std. zusätzlich (+220 Hm)

Hütte
Rifugio Brazzà (1660 m), ½ Std. von der Alm, Tel. 00 39/04 33/5 41 21 oder 00 39/04 32/79 70 79

Der westliche Eckpfeiler der Julischen Alpen ist ein Gebirge für sich: Montasch und Wischberg sind durch eine lange, luftige Gratlinie verbunden und mit vielen Drahtseilen erschlossen. Das alpine Erlebnis wird dadurch genauso wenig irritiert wie die zahlreichen Steinböcke durch die Besucher.

So ein Käse! Kein Wunder, dass man hier ein Qualitätsprodukt mit »DOP« (geschützter Herkunftsbezeichnung) herstellen kann: Die Kühe auf der Pecolalm haben ein entspanntes Leben, viel Auslauf und eine unglaubliche Blumenpracht auf dem Speisezettel – der »Montasio«-Käse ist auch ein Projekt zum Schutz der Bergbauernkultur. Viel Auslauf haben auch Bergsteiger: 1200 Höhenmeter über dem Ende der Schotterstraße ragt der Felsenkamm des Montasch auf, eine flotte Tagestour.

Gemütlich ist (nur) der Anfang durch die duftenden Wiesen hinauf an den Fuß der Felsflanke. Dann zieht ein teilweise schon recht ausgesetzter Weg nach links über eine schier bodenlose Schlucht. »Gut aufpassen« heißt es, um die Markierungen und Steinmänner nicht zu verpassen, die den »Findeneggweg« markieren, die Route des Erstbesteigers. Anregende Kraxelei, mal im Geschröf, mal an festem Fels, hinauf zum Gipfelgrat fast im Himmel: Wer von hier zurückblickt, meint über Triest bis zum Mittelmeer sehen zu können.

Am Gipfel weiden die Steinböcke – vielleicht nicht immer, aber man darf damit rechnen. Als wüssten sie, dass sie unter Schutz stehen und von den ohnehin

Fast wie gebaut. Ähnlich wie in der Brenta gliedern Bänder die sonst haltlosen Felsflanken des Montasch und bieten großes Luft-Erleben.

Nicht jeder mag Käse: Die Steinböcke am Montaschgipfel sind mit dem kümmerlich sprießenden Gras zufrieden.

zum Hinterherrennen zu erschöpften Touristen nichts zu befürchten haben. Eine Augenweide für die Nähe – blickt man weiter, sieht man den grauen Klotz des Wischbergs über urwaldbewucherten Talgründen, Richtung Osten sämtliche Gipfel der Julischen Alpen hintereinandergestaffelt, im Norden das Eis der Tauern und im Süden, hinter dem Kanin mit dem schwindenden Gletscher, den Dunst der Adria.

Felsig geht's auch hinab Ein paar Drahtseile helfen schon am Gipfelgrat, dann kommt die legendäre 90-Meter-Leiter »Scala Pipan«, bevor über geneigtere Schutthänge auf ordentlichem Weg bald wieder der Ausgangspunkt erreicht ist. Auf Nimmersatte wartet noch eine großartige Zugabe: Bald nach der Leiter führt der »Sentiero Leva« in sanftem Auf und Ab auf verblüffenden Bändern nach links durch die haltlose Steilflanke – die Brenta lässt grüßen – mal radwegbreit, mal schuhschmal; wo nötig, stabilisieren Drahtseile Balance und Psyche. Aus der schmalen Scharte unter der Cima di Terra Rossa geht es ein paar Meter richtig steil nach oben (KS B), dann trifft man auf den Wanderweg, der nach dem zweiten Gipfel des Tages hinunterführt zum Rifugio Brazzà. –ad–

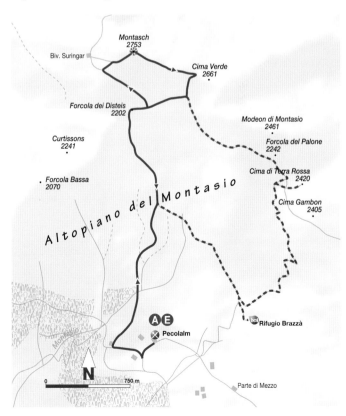

1.5 Sentiero Ceria-Merlone

Ein Gang durch den Himmel

schwer   mittel   8–10 Std.   1200 Hm

Tourencharakter
Höhenweg (T6) mit langen mittel-schweren Klettersteigpassagen (KS B), aber auch viel ungesichertem Gelände auf felsigen Wegen.

Ausrüstung
Nur wer alpin sehr sicher ist, kann aufs Klettersteigset verzichten, ein Helm schadet nie was. Im Früh-sommer evtl. Material für Hartfirn

Ausgangspunkt
Pecolalm (1519 m), Straße von Tarvisio über die Sella Nevea (ca. 20 km)

Gipfel
Foronon del Buinz (2531 m), Mo-deon del Buinz (2554 m), Punta Plagnis (2411 m)

Gehzeiten
Rif. Brazzà – Forcola de lis Sieris – Foronon del Buinz 4 Std.; Abstieg zur Forcola Livinal dell'Orso 2–3 Std. – Casere Cregnedul – Pecolalm 2–2½ Std.

Hütte
Rifugio Brazzà (1660 m), ½ Std. von der Alm, Tel. 00 39/04 33/ 5 41 21 oder 00 39/04 32/ 79 70 79

Die Gratüberschreitung der westlichen Gruppe der Julischen Alpen, vom Montasch zum Wischberg, ist sicher ein Höhepunkt der an Attraktionen wirklich nicht armen Region. Zwei oder drei Tage hoch über den Tälern, bestens gesichert, durch wilde Felszinnen. Zumindest den Sentiero Ceria-Merlone sollte man sich geben.

Gut ausgeruht geht's wieder hinauf am Tag nach dem Montasch, vom Rifugio Brazzà zur Cima di Terra Rossa. Kurz unterhalb des Gipfels findet man den Wegweiser nach rechts zum »Sentiero Ceria-Merlone«. Wieder geht es auf Bändern dahin, Glockenblumen und Enzian säumen den Wegrand, bald ist man oben in der Forcola de lis Sieris mit ihren prallwandigen Felstürmen – am Beginn des eigentlichen Abenteuers. Mit zerrissener Felsflanke baut sich der Foronon del Buinz über der Scharte auf. Die findigen Wegebauer haben tatsächlich eine relativ gangbare Linie durch das Labyrinth gefunden, markiert und gesichert. Hie und da trifft man auf Unterstände aus dem I. Welt-krieg.

Oft folgt man direkt der Gratlinie über den beidseitigen Abgründen, dann wieder quert man auf Bändern durch die Felswände – »rechts die Wand, die blaue Luft zur Linken, unter uns die purpurfarbene Tiefe«, wie Julius Kugy unübertrefflich treffend geschrieben hat. Im Rückblick wirkt der Montasch wie eine grüne Pfeilspitze – so steil schießen seine Flanken zum messer-scharfen Gipfelgrat empor. Und doch kann man immer wieder entspannt schlendern auf den Bändern, wo die Steinböcke ihre Siesta halten. Hinter dem Modeon del Buinz wird's wilder: Gezackte Kämme quert der Weg in heftigem

Das Ziel im Blick: Von der Cima di Terra Rossa weg zieht sich der Grat über etliche Gipfel bis zum Wischberg, noch links außerhalb des Bildes.

Auf und Ab, bevor der große Abstieg durch die Plattenflanke in die Bärenlahnscharte – Forcola Livinal dell'Orso – hinunterzieht. Ein Schuttkar nimmt den Wanderer auf, leitet hinab ins Grüne, in die satten Wiesen.

Wer ein Maximum erleben will, steigt aus der Bärenlahnscharte weiter auf dem Sentiero Goitan zur Mosesscharte und auf den Wischberg; zwei Hütten erlauben eine Verteilung der Gehzeit auf zumutbare Tagesetappen. Doch auch ohne diese Luxuszugabe rundet der Rückweg zur Pecolalm das Wandererlebnis perfekt ab. Nach einem kleinen Gegenanstieg lädt die urtümliche obere Cregnedulalpe zu Rast und Brotzeit, dann taucht man ein in den Wald, schlendert auf nadelbedecktem Pfad dahin zur Lärchenalm (Casera Larice) und zuletzt über die großflächigen Weiden der Pecolalm zurück zum Ausgangspunkt. Immer wieder wird dabei der Blick nach oben gerissen zum grünen Kamm im Himmel, über den man zwei Tage lang gewandert ist – kaum mag man es glauben. —ad—

Auf unfriedlichen Spuren

Als Dreiländer-Grenzgebirge zwischen Österreich, Italien und Slowenien waren die Julischen Alpen oft Kriegsschauplatz. Auf Reste alter Stellungen trifft man besonders häufig am Grenzkamm des Montasch; in den Talorten und an den Straßen gibt es noch mehr Mahnmale: Die Festung am Predilpass stammt noch aus Napoleonischer Zeit, die Soldatenfriedhöfe in Log pod Mangartom, Soca und Trenta erinnern an die Opfer der Isonzoschlachten im I. Weltkrieg, das Partisanendenkmal unter der Triglav-Nordwand ist den Kämpfern der »Volksbefreiungsarmee« (1941–45) unter Tito gewidmet.

Bergsteigen, die Kunst, auf dem Umweg über einen Gipfel und unter Eingehung von Lebensgefahr wieder zum Ausgangspunkt zu kommen, ist nicht jedem Lebewesen verständlich.

Forcola dei Disteis 2202

Modeon di Montasio • 2461

Forcola del Palone • 2242

Cima di Terra Rossa • 2420

Cima Gambon • 2405

Forca de lis Sieris 2274

Foronon del Buinz 2531

Biv. Mazzeni

Jöf Fuart 2666

Forcola Mose 2271

Cime Castrein 2502

Forcola Livinal dell' Orso 2138

Modeon del Buinz 2554

Sentiero Ceria-Merlone

P. Plagris 2411

M. Cregnedul 2351

Pecolalm

Rifugio Brazzà

Parte di Mezzo

Piron del Larice 1902

I. Secchioni 1977

Lärchenalm

Cregnedulalpe

C. ra Barboz

0   750 m

N

Stretti

1.6

Triglav (2864 m) über den Bambergweg

Steiler, wilder, alpiner – Triglav für Kenner

schwer   mittel   10–13 Std.   1750 Hm

Tourencharakter
Zwei-Tage-Tour in sehr alpinem Gelände mit mehreren steilen Klettersteigpassagen (KS C) und viel ungesichertem Schrofengelände (T6)

Ausrüstung
Nur wer alpin sehr sicher ist, kann aufs Klettersteigset verzichten, ein Helm schadet nie was. Im Frühsommer evtl. Material für Hartfirn

Ausgangspunkt
Parkplatz an der Hütte Aljazev Dom (1015 m) im Vratatal, Straße von Mojstrana, 12 km östlich von Kranjska Gora

Gipfel
Triglav (2864 m)

Gehzeiten
Aljažev Dom – Luknjapass (1758 m) 2½–3 Std. – Triglav (über Bambergweg) 4–5 Std.; Abstieg Triglavski Dom 1 Std. – Tal 3–4 Std.

Hütten
Aljažev Dom (1015 m), 0 03 86/45 89 51 00, 00386/ 31 38 40 11, pd.dovje-mojstrana@siol.net, Triglavski Dom (2515 m), 0 03 86/ 45 31 28 64, 0 03 86/12 31 26 45, info.pdljmatica@siol.neta

Großzügig, lang, wild ist wohl jeder Anstieg auf den Dreispitz Sloweniens. Trotzdem mag der Normalweg für echte Seven-Summiter zu viel Eisen zeigen. Ihnen bietet der Bambergweg aus dem Vratatal eine einsamere Alternative: mehr Höhenmeter, mehr Aufpassen, weniger Drahtseile. Passender zu diesem Gipfel eben.

In fröhlichen Kaskaden springt die Bistrica zu Tal – ein angenehmer Begleiter, wenn man auf dem guten Weg vom Aljažev Dom dem frisch duftenden Wald entstiegen ist. Hinauf geht es, unter die schattendunkle Nordwand, fast bis an ihren Einstieg, dann drängt das Gelände nach rechts ab, und über zuletzt mühsame Geröllpfade erreicht man die Luknjascharte, eine Übergangsmöglichkeit ins Trentatal, das sich tief unten durch dichte Wälder hinauszieht.

Doch der Gipfel ist oben Also wendet man sich nach links, und gleich stößt der grasige Grat an eine erste senkrechte Wand. Helm und Klettersteigset sind nicht übertrieben, denn zumindest diese Stufe ist kernig steil, fordert Armkraft und sicheren Tritt. Doch wirklich ernst wird es erst darüber, wo das Drahtseil aufhört und der wohl markierte Weg durch steiles Schrofengelände nach oben führt. Da hilft keine gekaufte Ausrüstung, da muss die Sicherheit

Knackig steil ist gleich der Auftakt zum Bambergweg direkt über der Luknjascharte. Doch der Hauptanspruch liegt im alpinen, ungesicherten Gelände darüber.

von innen kommen, aus sicherem Tritt, guter Balance und wachem Blick nach oben, falls eine Gams oder ein Steinbock mit Steinen werfen sollte.

Unglaublich, wo in der wasserlosen Karst-Ödnis sich überall Blumen behaupten können.

Durch Zlatorogs Reich führt der Pfad. Irgendwo hier, auf der Karstfläche des »Flitscher Schnee« (Triglavski podi), die sich als Kugyband in die Nordwand fortsetzt, könnte die sagenhafte Begegnung zwischen dem Schatz suchenden Jäger und dem Steinbock mit den goldenen Hörnern stattgefunden haben, die für den Schützen kein Happy End hatte. Zlatorogs heutigen Nachfahren kann man hier durchaus begegnen, das Gewehr bleibt besser im Tal – allein schon, weil es fast 1800 Meter sind von dort bis zum Gipfel. Immerhin kann man beim Abstieg im Triglavski Dom übernachten und vielleicht den »Tominsekweg« noch mit dem kurzen Klettersteig am Cmir ergänzen. Der Schlussspurt am Gipfelaufbau bietet noch einmal ein paar flotte Drahtseilpassagen und Kletterstückchen. Dann sitzt man oben, schaut nach Süden, gefühlt fast bis ans Mittelmeer, nach Westen über die ganzen Julischen Alpen und nach Norden auf die Schneefelder der Hohen Tauern – und wird auch ohne Goldschatz glücklich sein ...   –ad–

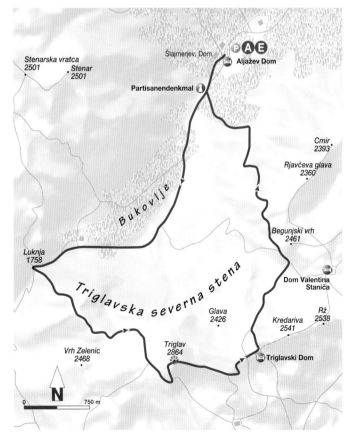

Früher war das einmal der Normalweg auf Österreichs Gipfel; heute ist der Hofmannsweg durch Ausaperung und Blankeis deutlich anspruchsvoller.

2. Österreich: Großglockner (3798 m)

2. Großglockner (3798 m)

Österreich

Klingende Namen Belsazar Hacquet, Salm-Reifferscheidt-Krautheim, Pallavicini – Österreichs Gipfel war schon immer Ziel bedeutender Persönlichkeiten. Kein Wunder, gibt es doch außer dem Mont Blanc keinen weiteren Berg in den Alpen mit vergleichbaren geografischen Kennzahlen. Seine Dominanz beträgt 175 Kilometer: erst in der Ortlergruppe steht mit der Königsspitze ein höherer Berg. Und die Schartenhöhe, der Höhenunterschied zur tiefsten Stelle am Weg zur Königsspitze, beträgt 2424 Meter. Mit beiden Werten belegt der Glockner Platz zwei in den Alpen.

Nicht Zahlen machen einen Berg aus Von Süd wie Nord ragt der Glockner heraus aus seiner Umgebung, beschreibt der Name seine Gestalt treffend – wobei Bergsteiger eher an eine Pyramide als an eine Glocke denken mögen. Die etymologische Erklärung stammt von Belsazar Hacquet, von dem schon beim Triglav die Rede war – in seinem 1783 erschienenen Buch »Mineralogisch-botanische Lustreise von dem Berg Terglou in Krain, zu dem Berg Glokner in Tyrol, im Jahr 1779 und 81«, gab er die Gipfelhöhe schon recht treffend mit 3793 Metern an, stellte den Berg auf einem Kupferstich erstmals künstlerisch dar und machte sich Gedanken, wie man ihn wohl am besten ersteigen könnte. Im gleichen Jahr 1783 kam Fürstbischof Franz II. Xaver von

Austrias Chef beherrscht auch das dramatische Metier: Nach einem Sommergewitter taucht die Sonne ab hinter Pasterze und Johannisberg.

Salm-Reifferscheidt-Krautheim nach Kärnten und fand dort Kontakt mit den Geistlichen Sigismund Ernst Hohenwart und Franz Xaver Freiherr von Wulfen. Von der Erstbesteigung des Mont Blanc 1786 ließen sich die hohen Herren inspirieren, ihre Ideen wahr zu machen.

Eine echte Expedition war es Mit 30 Personen brach man 1799 von Heiligenblut auf, baute eine Hütte (die Salmhütte) für 30 Personen und kam über Leiterkees und Hohenwartscharte bis zum Kleinglockner. Im Jahr darauf waren es 62 Männer, die dem Glockner zu Leibe rückten; am 28. Juli 1800 standen fünf davon auf dem Gipfel, namentlich bekannt sind nur der Pfarrer Mathias Hautzendorfer und als einer der Führer Martin Reicher. Und schon lange bevor Mitte des 19. Jahrhunderts in der Schweiz das »Goldene Zeitalter des Alpinismus« eingeläutet wurde, begann hier ein Bergtourismus, der bis heute eine wichtige Einkommensquelle für die Bevölkerung ist.

Viel hat sich seither verändert Die ursprünglichen Wege zum Gipfel werden kaum noch begangen, die meisten der jährlich 5000 Besteiger kommen von Süden, von Kals, über das Ködnitzkees oder den prächtigen Stüdlgrat; im Frühsommer liegt gelegentlich noch genügend Firn in den Nordflanken, sodass die Eisrouten durch die Mayerl- oder Pallavicinirinne begangen werden können – Markgraf Alfred von Pallavicini ließ sich 1876 von seinem Führer Hans Tribusser 2500 Stufen durch die Eiswand schlagen. Auch hier sind die Gletscher

Aus A. Römers Tagebuch

»Der Anstieg zum Großglockner durch das endlos lang erscheinende Leitertal auf dem Wiener Höhenweg wird auch ›Straße der Murmeltiere‹ genannt. Obwohl die putzigen Nager als scheu gelten, staunten wir auf unserem Weg nicht schlecht, als die Murmeltiere neben uns zum Greifen nah über die steilen Grasflanken flitzten. Bis wir an der Erzherzog-Johann-Hütte ankamen, hatten wir eine Menge Murmeltiere gesehen.«

Traditionsreiche Unterkunft: Das Glocknerhaus an der vielbefahrenen Großglockner-Hochalpenstraße ist heute ein gepflegtes Berggasthaus.

Informationen

Ausgangsort

Im Norden ist Zell am See der zentrale Tourismusort; von hier startet der Pinzgauer Spaziergang. Über die Großglockner-Hochalpenstraße (Maut, nur im Sommer und tagsüber) erreicht man Heiligenblut (50 km) auf der Südseite und kommt von dort über Lienz nach Kals (80 km).

Anfahrt

Zell am See erreicht man von der A8 München–Salzburg, Ausfahrt Traunstein, über Inzell und Lofer. Lienz als zentralen Ausgangsort im Süden erreicht man über Kitzbühel, Pass Thurn, Mittersill und durch den Felbertauerntunnel. Die Zug- und Busverbindungen nach Zell am See und im Pinzgau sind gut. Die Initiative »Nationalpark-Wanderbus« bietet mehrmals täglich Verbindungen von Kitzbühel–Lienz und von Lienz zum Lucknerhaus oder zur Franz-Josefs-Höhe.

Beste Zeit

Mitte/Ende Juni bis Anfang/Mitte September, der Pinzgauer Spaziergang ist normalerweise auch einen Monat früher oder später möglich.

Karte

AV-Karte 1:25 000, Nr. 40 »Glocknergruppe«

Literaturtipp

In seinem Roman »Spangaletti. Die Fahrt auf den Großglockner« (antiquarisch) schildert der Bergschriftsteller Kurt Maix in pathetischem Ton ein wildes Bergabenteuer.

Tourismus-Information

Zell am See Tourismus GmbH, Brucker Bundesstr. 1a, A-5700 Zell am See, Tel. 0043/(0)65 42/7 70, welcome@zellamsee-kaprun.com Osttirol Werbung, Albin-Egger-Str. 17, A-9900 Lienz, Tel. 0043/(0)50/212 212, info@osttirol.com Infos zum Nationalpark und allen Angeboten drumherum: www.hohetauern.at Großglockner-Hochalpenstraße, Tel. 0043/(0)662/873 67 30, info@grossglockner.at

auf dem Rückzug. Der Hofmannsweg von der Pasterze, lange der beliebteste Normalanstieg, ist heute kein rechter Genuss mehr; die Pasterze, der größte Ostalpengletscher, verlor seit 1856 die Hälfte ihrer Eisfläche. Um wenigstens die Blumen- und Tierwelt zu erhalten, einigten sich die drei österreichischen Bundesländer Salzburg, Kärnten und Tirol darauf, ihre Anteile an der Glocknergruppe zu einem gemeinsamen Nationalpark zusammenzufassen; 1981 gegründet, ist er mit 1787 km^2 der größte Naturpark der Alpen. Ein ausgedehnter Grundbesitz des Österreichischen Alpenvereins – 340 km^2, 18 Prozent der Fläche – war ein wesentliches Kernstück, um den Park zu ermöglichen. Naturfreunde können hier eine reiche Blumenpracht, fast handzahme Murmeltiere, Steinböcke, Geier und Adler bewundern.

Ein Park für Menschen ist der Nationalpark Hohe Tauern. Tourismus und Naturschutz zu verbinden, gelingt hier gut – und selten findet man so perfekt aufbereitete Informationen über die Welt, in der man sich bewegt. Die 900 000 Besucher, die jedes Jahr auf der Großglockner-Hochalpenstraße durchs Herz des Gebirges ziehen, können anhand von Tafeln, Ausstellungen und Installationen Verständnis entwickeln und manches Wissenswerte erfahren. Ist es nicht pfiffig, dass der Stausee Margaritze am Abfluss der Pasterze einen Verbindungsstollen durch den Alpenhauptkamm hinüber zum Mooserboden besitzt, sodass beide Speicher wahlweise von Niederschlägen auf der Alpennord- oder Südseite profitieren können? Ist es nicht gut, dass Seilbahnprojekte zum Glocknergipfel aus den Jahren 1914 und 1933 nicht umge-

Brauchen Berge Geschmacksverstärker?
Die Kunstinstallation an der Franz-
Josefs-Höhe kann jedenfalls einpacken
gegenüber der Architektur des Glockner-
massivs.

setzt wurden, sodass man heute noch dort echt bergsteigen kann? Ist es nicht seltsam, dass der Glocknergipfel südlich der Pasterze aus Grünstein besteht, einem extrem witterungsbeständigen Fels, während die Kalkglimmerschiefer-Bratschen des Fuscherkarkopfs auf der anderen Seite einem unter den Füßen wegzubröseln scheinen?

Ein Dorado für Bergsteiger ist die Glocknergruppe eben auch. So vielfältig wie die Gesteinsarten, so unterschiedlich die Bergziele. Wo anfangen, was weglassen? Es gibt hier eine Menge höherer 3000er, die schneefreien Fußes zu ersteigen sind: Hoher Tenn, Hohe Dock, Bratschenkopf – ja selbst für das stolze Wiesbachhorn konnte man in den letzten Sommern gelegentlich die Steigeisen zu Hause lassen, so stark war der Kaindlgrat ausgeapert. Der Fuscherkarkopf ist auch einer dieser Bergsteiger-Wander-3000er – mit dem Vorteil, dem Glockner direkt gegenüberzustehen. Und auch am Klagenfurter Höhenweg überragen einige Gipfel die magische Marke mit der Ziffer Drei. Ein Weg fürs Herz ist der Pinzgauer Spaziergang; mit der Gipfelvariante wird daraus ein Weg für konditionsstarke Herzen. Und am Seven Summit selbst, am Glockner? Da ist schon der Normalweg ein Brett, 248 Tote bis 2004 sind eine deutliche Warnung. Und der Stüdlgrat ist sicher eine der reizvollsten Klettereien an Gipfeln dieser Höhe. Fest steht: Wenn man sich zur Rast niederlässt unter dem drei Meter hohen, 300 Kilo schweren Kreuz, das 1880 zur Silberhochzeit des Kaiserpaares Franz Joseph I. und Elisabeth aufgestellt wurde, dann hat man nicht nur wegen der Aussicht etwas erlebt.   *–ad–*

2.1

Großglockner (3798 m) vom Lucknerhaus

mittel — mittel — 5 + 6–8 Std. — 1900 Hm

Tourencharakter
Anspruchsvolle Hochtour (WS+) mit Schwierigkeiten am Gipfel in Firn/Eis (35–40°) und Fels (II), ein paar Sicherungshilfen. Vorsicht wegen Wartezeiten bei Andrang!

Ausrüstung
Hochtourenausrüstung mit Steigeisen und Pickel, 50-Meter-Einfachseil, ein paar Band- und Expressschlingen, Helm

Ausgangspunkt
Lucknerhaus (1920 m), Mautstraße (5 km) von Kals auf der Südseite der Glocknergruppe

Gipfel
Großglockner (3798 m)

Gehzeiten
Lucknerhaus – Stüdlhütte 2–3 Std. – Adlersruhe 2–2½ Std. – Gipfel 2 Std.; Abstieg Adlersruhe 1½–2 Std. – Lucknerhaus 3–4 Std.

Hütte
Neues Lucknerhaus (1920 m), Tel. 0043/(0)48 76/85 55, lucknerhaus@tirol.com
Lucknerhütte (2241 m), Tel. 0043/(0)4876/84 55, lucknerhof@tirol.com
Stüdlhütte, 2801 m, Tel. 0043/(0)48 76/82 09, info@stuedlhuette.at
Erzherzog-Johann-Hütte/ Adlersruhe (3454 m), Tel. 0043/(0)48 76/85 00, info@erzherzog-johann-huette.at

Ein Hochgenuss – aber nur für Könner

Schon der leichteste Weg auf den Gipfel Österreichs ist eine ernstzunehmende Alpintour, nach der Dufourspitze der schwierigste Normalweg an den Seven Summits der Alpen. Doch wer – leider im Gegensatz zur Mehrzahl der überreichlich anwesenden weiteren Kandidaten – gut vorbereitet an den Berg kommt, wird seine Freude finden.

Die Südseite ist freundlicher Diese Erfahrung macht man oft in den Alpen. Im Süden scheint die Sonne, Nordwandgesichter finden oft wilde Eisrinnen. Auch am Glockner ist die Nordseite stärker vergletschert, und es ziehen Steileisanstiege wie die berühmte Pallavicinirinne auf das elegante Gipfelhorn. Und der einst relativ leichte, nördliche Gletscheranstieg, der Hofmannsweg von der Pasterze, ist heute stark abgeschmolzen und erschwert vor allem im Spätsommer mit breiten Spalten den Aufstieg. Die nette Alternative über den Meletzkigrat mit anregender, leichter Kletterei ist wenig bekannt, der mittlerweile fast eisfrei zu begehende Weg der Erstbesteiger von der Salmhütte über die Hohenwartscharte hat sich auch noch nicht so recht herumgesprochen. So ist heute der Südanstieg vom Lucknerhaus als Favorit etabliert.

Kals oder Heiligenblut? Die Glocknerorte

Kals in Tirol und Heiligenblut in Kärnten tragen beide den Großglockner im Gemeindewappen; wer den Löwenanteil am Gipfeltourismus kassieren durfte, war im 19. Jahrhundert lange umstritten. Von Heiligenblut gelang die Erstbesteigung, der Weg über die Salmhütte war der Favorit der frühen Jahre. 1863 entdeckte Julius Payer einen Südanstieg zur Adlersruhe, Johann Stüdl stiftete 1868 die Stüdlhütte, doch im Jahr darauf entdeckte Karl Hofmann seinen Weg von der Pasterze. Heute arbeiten die beiden Glocknerorte touristisch zusammen, etwa mit dem einwöchigen Trekking auf der Glocknerrunde.

Nur für echte Bergsteiger: Der Gipfelaufbau des Großglockner bietet nicht banale Kletterei; wenn sie auch noch verschneit ist, muss man sich bewegen können.

Von Hütte zu Hütte führt der Anstieg; wer will, kann oft einkehren. Vom Lucknerhaus am Ende der Mautstraße von Kals schlendert man durch das Ködnitztal hinauf zur Lucknerhütte und steigt dann weiter über steilere Hänge zur Stüdlhütte. Die älteste Hütte des Deutschen Alpenvereins – sie wurde 1868, sogar ein Jahr vor der Gründung des DAV erbaut – wurde von 1993–96 komplett neu aufgestellt; die liegende Tonne mit dem Querschnitt einer abgeschnittenen Ellipse vereint klassische Bauelemente wie das Holzschindeldach mit modernem Design und Energiemanagement. Solarthermie und Fotovoltaik machen die Hochgebirgshütte weitgehend energieautark, ergänzt durch ein Pflanzenöl-Blockheizkraftwerk. Das Abendbuffet wird weithin gelobt.

Was für ein Berg! Im Spätsommer macht der Großglockner (von links führt der Stüdlgrat hinauf) einen geradezu arktischen Eindruck.

Von hier sind es noch 1000 Höhenmeter zum Gipfel – und es stellt sich die Gretchenfrage: hier bleiben und genießen, dafür am nächsten Tag schon leicht angeschlagen in den Stau am Gipfelaufbau mit den Schlüsselstellen kommen? Oder noch die zwei, drei Stunden hinauf zur Erzherzog-Johann-Hütte auf der Adlersruhe, von wo es nicht mehr weit ist zum Gipfel? Wo aber in fast 3500 Metern Höhe der Schlaf vielleicht durch Höhenkopfweh seine Erholungsaufgabe verfehlt? Die Entscheidung muss jeder mit sich selbst ausmachen. Fest steht: Irgendwann muss jeder Meter gegangen werden. Hinter dem felsigen Gipfel der »Schere« (ein netter Nachmittagsausflug, wenn man auf der Stüdlhütte übernachtet) wartet am Ködnitzkees die erste Gletscherquerung hinüber zum felsigen Blaukopfgrat; hier musste im August 2013 eine Seilschaft mit 193 Mitgliedern unbedingt einen Weltrekord aufstellen, um auf Gletschergefahren hinzuweisen. Der »Mürztalersteig« führt mit einigen Sicherungen und einer kurzen Steilstufe, die man mit der Klettersteig-Schwierigkeit C bewerten könnte, hinauf zum Erzherzog-Johann-Haus des Österreichischen Alpenklubs.

Es ist nur noch ein Katzensprung 350 Höhenmeter, eineinhalb bis zwei Stunden bis zum Gipfel, das sind die nüchternen Daten – aber nur, wenn die Akklimatisation stimmt und die alpine Technik. Dann, und wenn das Wetter stabil, die Verhältnisse gut sind, kann man dem Glockner und der Konkurrenz einen Streich spielen und vielleicht sogar noch am Nachmittag hinaufmarschieren, ohne Stau und Hektik die hübschen Kletterstellen genießen und das Panorama betrachten, bis das Abendessen ruft. Dazu sollte man allerdings der Sache nicht nur gewachsen, sondern überlegen sein. Allein die Tatsache, dass es vom Lucknerhaus zum Gipfel rund 1900 Höhenmeter sind, stellt klar, dass die Option »Glocknergipfel vom Tal aus« nur für Konditionstiger infrage kommt.

Denn der Gipfelanstieg hat es in sich! Der zunächst gemütliche Schneehang des »Glocknerleitls« steilt sich flott auf und touchiert zuletzt unter den Felsen des Kleinglockners die 40-Grad-Marke; stabiler Stand auf Steigeisen ist zwingend gefordert. Auch die dann folgenden Felsen sind nicht gerade ohne: Auf kleinen Leisten trippelt man die Grünsteinplatten hinauf, Seilsicherung an den großen Stahlstiften ist deutlich angenehm. Ein steiler Abstieg führt vom Vorgipfel hinunter in die Glocknerscharte, sozusagen Austrias »Hillary Step«: Ergiebige Staus und längere Wartezeiten sind hier zur Rushhour an Schön–wettertagen die Regel; von 500 Bergsteigern an einem Tag ist zu lesen – und nicht alle sind souverän und zügig unterwegs. Die ersten Sicherungen wurden ebenfalls im DAV-Gründungsjahr 1869 angebracht; nie waren sie so wertvoll wie heute. Auch an den letzten Felsen zum Gipfel hinauf heißt es noch mal herzhaft zupacken, um kurze senkrechte Plattenaufschwünge mit Ruckstemme zu überwinden. Notabene: Das alles muss man auch wieder runter …

Der Gipfel von Österreich! »Schönster Gipfel der Ostalpen« schwärmt der Alpenvereinsführer, das Panorama werde »wahrscheinlich nur durch die Gipfelschau vom Mont Blanc übertroffen«, 151 880 Quadratkilometer, 237,5 Kilometer theoretische Sichtweite. Im Süden die Poebene, im Norden Oberbayern und der Böhmerwald, im Westen Ortler und Adamello, im Osten Totes Gebirge und Gesäuse – dazu braucht es außergewöhnliche Wetterbedingungen. Doch auch bei Durchschnittssicht hat man eine Weile zu tun, um alles einzusortieren: die Felskämme der Nördlichen Kalkalpen vom Dachstein zum Wilden Kaiser im Norden, im Südwesten die Gipfelburgen der Dolomiten, in nächster Nähe die welligen Bratschenkämme der Tauerngipfel über dunklen Taleinschnitten. Man braucht es nicht an die große Glocke zu hängen, wenn man auf dem Großglockner war: Das Leuchten in den Augen der Besteiger wird es verraten. *–ad–*

Über den Wolken: Dem Blick nach Süden sollte man am Glocknerleitl nicht zu viel Aufmerksamkeit schenken – das steile Firnfeld will sorgfältig begangen sein.

2.2 Der Pinzgauer Gipfelgang

»Seven Summits« in Grün

leicht–mittel   **10–12 Std.**   **1750 Hm**

Tourencharakter
Der Pinzgauer Spaziergang ist eine leichte (T2, 100 Hm), aber sehr lange Tagestour, die Gipfelvariante hat bis doppelt so viele Höhenmeter und ein paar Passagen bis T4.

Ausgangspunkt
Talstation der Schmittenhöhe-Seilbahn (930 m) über Zell am See (757 m), Busverbindung

Endpunkt
Bürglhütte (1695 m) über Stuhlfelden, per Auto erreichbar auf zuletzt etwas ruppiger, schmaler Straße. Taxidienst (Taxi Hons, Tel. 06 64/2 48 12 48) nach Stuhlfelden, von dort Bus- und Bahnverbindung nach Zell am See. Oder mit deponiertem Rad auf dem Tauernradweg (grüne Schilder)

Gipfel
Besonders lohnend: Zirmkogel (2214 m), Hochkogel (2249 m), Manlitzkogel (2247 m), Geißstein (2363 m)

Gehzeiten
Schmittenhöhe – Rohrertörl 2 Std. – Klinglertörl 2 Std. – Sommertor 2 Std. – Murnauer Scharte – Bürglhütte 2½ Std.; über die Gipfel je ca. 1 Std. länger

Hütten
Pinzgauer Hütte (1695 m), Tel. 00 43/(0)65 49/78 61, info@pinzgauer-huette.at Hacklbergeralm (1747 m), Tel. 0043/(0)6 76/7 54 31 00, hacklbergeralm@sbg.at Bürglhütte, 1695 m, Tel. 00 43/(0)6 76/9 43 91 41, almgasthaus.de/buerglhuette

Karte
Freytag&Berndt 1:50 000, WK 382 »Zell am See/Kaprun/Saalbach«

Immer am Grat entlang – der Pinzgauer Gipfelgang ist etwas ganz Besonderes.

Als »Saalbach Seven Summits« vermarktet der Skiort im Glemmtal die Gipfelvariante des »Pinzgauer Spaziergangs«. Wer den klassischen und beliebten Höhen-Wanderweg mit ein paar Gipfeln aufpeppt, bekommt zu fantastischen Panoramen auch noch jede Menge Gipfel – die Zahl Sieben reicht da nicht einmal ganz.

Es ist kein Fehler, im Herbst zu kommen Wenn die Zeit für die großen Hochtouren vorbei, aber die Lust auf Berge noch nicht ganz erloschen ist, wenn die Sonne nicht mehr brennt, sondern angenehm wärmt, wenn der Andrang der Schulferienurlauber nachlässt, dann kann man an den niedrigeren Gipfeln noch geschenkte Tage erleben. Die Luft ist klar, ohne den Dunst des Sommers, die höheren Gipfel glänzen schon im Weiß des ersten Neuschnees, die Blütenpracht der Wiesen ist dem Indian-Summer-Rot der Heidelbeerbüsche gewichen, die noch voll überreifer Beeren hängen, immer wieder sprenkeln kleine Tümpel die Landschaft. Saisonausklang mit Rückblick auf die großen Sommertage drüben in der Glocknergruppe.

Mittendrin und ganz hoch oben – das könnte das Motto sein. Der grasige Gipfelkamm, der sich von der Schmittenhöhe über Zell am See bis zum Pass Thurn bei Kitzbühel erstreckt, liegt zwischen dem Alpenhauptkamm und der Kette der Nördlichen Kalkalpen: links reihen sich die Tauerngipfel vom

Hohen Tenn bis zum Großvenediger hintereinander, abgetrennt durch die grüne Furche des Pinzgaus, rechts wandert der Blick vom Gosaukamm des Dachsteins über Hochkönig, Watzmann, Leoganger und Loferer Steinberg bis zum Wilden Kaiser. Eisberge über gefurchten Hängen auf der einen Seite, graue Felsenburgen über Almenhügeln auf der anderen – einen aussichtsreicheren Höhenweg muss man erst mal finden.

Wer sich auf dem Manlitzkogel selbst fotografiert, hat schon einige Gipfel hinter sich. Nur noch der Geißstein steht aus…

Gelobt sei, was hoch bringt 1000 Meter erspart die Schmittenhöhebahn – es bleiben genug für einen langen Tag. Man hat immer die Wahl: Auf der Originaltrasse des »Pinzgauer Spaziergangs« südlich die Hänge querend, kommen immerhin schon fast 1000 Höhenmeter zusammen, bei rund 27 Kilometer Strecke mindestens acht Stunden Gehzeit. Wer über die Gipfel

Die Tauern stets im Blick: Vom Start an der Schmittenhöhebahn weg weiß man auf dem Kamm kaum, ob man lieber nach Süden oder nach Norden spähen soll.

geht, kann bis zur Bürglhütte etwa 1700 Aufstiegsmeter sammeln. Die Pinzgauer Hütte nahe der Schmittenhöhe erlaubt einen frühen Start, auf halber Strecke bietet nördlich die Hacklbergeralm Etappenquartier. Festlegen muss man sich nicht auf eine Variante: In mehreren Scharten treffen sich »Spaziergang« und Kammlinie, sodass man jederzeit die Wahl hat, welchen Gipfel man mitnimmt und welche rechts liegen bleiben. Wobei die Hänge des »Spaziergangs« alle mit dem verheißungsvollen Nachnamen »Hochsonnberg« locken, während eben nur der Kamm die Dauer-Aussicht auf die Kalkalpengipfel bietet.

Auf geht's! Das heißt hinunter von der Bahnstation mit ihrem umfassenden Event-Angebot, mit Freiluftkunst und Frisbee-Golf; Bergsteiger mögen sich über Aufstiegshilfen freuen, sind aber noch glücklicher, wenn sie am Kettingkopf den letzten Liftanlagen entrinnen. Über den Sonnberg auf den Maurerkogel, schon der dritte Gipfel des Tages, der erste nennenswerte, nach einer Stunde Gehzeit gerade mal ein Siebtel der Strecke. Unter dem Gipfel des Maurerkogel weiden Geißen, und man fragt sich, ob dann hinten am Geißstein vielleicht Maurer zu sehen sein werden … Beim Abstieg ins Rohrertörl wird noch der Rohrerkogel kassiert, dann schwingt sich ein felsdurchsetzter Grat hinauf zum Oberen Gernkogel. Die vielleicht steilste Passage des Tages wurde sogar mit ein paar Drahtseilen verziert – nötig sind sie nicht, auch was hier felsig aussieht, löst sich meist in Wohlgefallen auf.

Zu viel Heidelbeeren sind nicht gesund Zumindest, wenn man auf einem langen Marsch unterwegs ist. Prall voll hängen die Sträucher, deren herbstrote Blätter die Hänge färben – essen oder steigen, das ist hier die Frage. Den Zirmkogel mit schönem Holzkreuz und Ruhebank erreicht man auf schwach ausgeprägtem Weg durch die Wiesenflanke; ein knappes Drittel ist geschafft. Nach dem Hochsonnberg mündet am Klinglertörl von rechts die Route der »Seven Summits of Saalbach-Hinterglemm« ein, zu denen man mit der dortigen Schattberg-Seilbahn startet. War der Kammweg bisher mal markiert, mal eher Pfadspur, ist nun alles bestens hergerichtet. Steil geht es trotzdem hinauf auf den Hochkogel, wo Bekanntschaft zu machen ist mit »Wandern 3.0« (siehe Kasten S. 53). Der Hochkogel markiert ungefähr die Hälfte; mittlerweile leuchtet die einst als Eistour berühmte Nordwand des Wiesbachhorns in der Nachmittagssonne, ist der Wilde Kaiser schon greifbar näher gerückt, öffnet sich zur Rechten ein neues Seitental des Glemmtals. Dann geht es weiter mit der Gipfeljagd: der Hochsaalbachkogel, ein unscheinbarer Felskamm, mit Drahtseilen als »technisch anspruchsvollste« Passage hergerichtet, der unscheinbare Medalkogel, dann wieder mühsam hinauf zu Sonnberg und Bärensteigkogel, wo eine Hochspannungsleitung daran erinnert, dass das Tauerngold heute

Wanderspaß nach Maß: stets hat man die Wahl zwischen mehr oder weniger steilen Gipfelanstiegen wie zum Gernkogel oder zu gemütlichen Wiesenquerungen.

Wasserkraft heißt. Über den Lamperbichlkogel ins Sommertor, noch mal steil hinauf zum Rabenkopf und hinüber zum Manlitzkogel – ein Ende ist in Sicht. Zwei weitere Gratkuppen fallen noch an fürs Tourenbuch: Zehetner Stange und Mittagskogel, dann geht es aus der Murnauer Scharte nur noch bergab – es sei denn, die Kondition reicht noch für Leitenkogel und Geißstein, den höchsten Gipfel des Kamms. Es muss nicht sein, der Rückweg ist noch weit genug: Von der Bürglhütte mit dem zuvor dort deponierten Rad sausend hinunter nach Stuhlfelden, auf dem Tauernradweg der Salzach entlang nach Zell am See und noch den letzten Anstieg zum Parkplatz – wer diesen Spaziergang hinter sich hat, weiß, was er geschafft hat – aber er hat auch eine Menge zu erzählen. *–ad–*

2.3 Klagenfurter Jubiläumsweg

Blumenteppich auf 3000 Metern Höhe

schwer	leicht	9–7 Std.	1400 Hm

Tourencharakter
Durchgehend markierter alpiner Höhenweg mit kurzen gesicherten Passagen (T5, KS A). Die weglose Variante zum Brennkogl hat eine kurze steile Schrofenpassage (T6).

Ausgangspunkt
Glocknerhaus (2132 m)

Endpunkt
Hochtor (ca. 2500 m, Parkplatz an der Südseite des Straßentunnels)

Anfahrt
Über die Glockner-Hochalpenstraße von Fusch (N) oder Heiligenblut (S). Für den Rückweg vorab am Hochtor Fahrrad deponieren: 650 Hm und 7 km runter, 280 Hm und 5 km rauf bis zum Glocknerhaus. Oder trampen; Autos fahren genug.

Gipfel
Spielmann (3027 m), optional Kloben (2936 m) und Brennkogl (3018 m)

Gehzeiten
Glocknerhaus – Spielmann 3 Std., zum Kloben 1 Std., zum Hochtor 2 Std., mit Brennkogel 1 Std. länger

Hütte
Glocknerhaus (2132 m),
Tel. 00 43/(0)48 24/2 46 66,
dasglocknerhaus.at

Wandervergnügen in höchst alpiner Landschaft: Der Klagenfurter Jubiläumsweg zieht hoch über dem Mölltal entlang.

Drei Gipfel kann man sammeln auf dem Höhenweg zwischen Glocknerhaus und Hochtor, zwei davon sind 3000er, immer mit Blick auf Glockner und Wiesbachhorn. Aber vor allem findet man auf dieser hochalpinen Wanderung eine Landschaftsvielfalt, die auch hartgesottene Hochtouristen begeistern kann.

Die Farben des Hochgebirges Gelb, Lila, Blau statt Braun-Schwarz-Weiß. Vom ersten Meter an, beim Wegweiser am Parkplatz beim Glocknerhaus, ist man vom Blütenduft eingehüllt. Glockenblumen, Gamswurz, Schusternagel-Enzian säumen den Wanderweg durch die Hänge der Trögeralm; die Tiere, die hier weiden dürfen, sind zu beneiden. Gemütlich, aber konsequent zieht der Pfad hinauf Richtung Pfandlscharte. Unter ihr liegt ein einsamer Bergsee, dessen Anblick über 100 Höhenmeter Zwischenabstieg hinwegtröstet. Das Südliche Pfandlschartenkees, das diesen Kessel einmal ausgefüllt hat, ist Geschichte; Schneereste der winterlichen Lawinen halten sich aber bis in den Hochsommer hinein.

Unnahbar steil schwingt sich der Grat auf Aber es hilft ihm nichts, fallen muss er doch. Ohnehin ist der Spielmann (3027 m) bis auf die letzten fünf Meter zu erwandern: raffiniert nutzt der Weg die flachen Zonen, erst ganz zuletzt heißt es Hand anlegen am rauen Fels; die paar Meter Drahtseil sollte man eigentlich nicht benötigen, wenn man die Seven Summits im Sinn hat. Der Glockner hat die ganze Zeit zugeschaut, bei der Gipfelrast hat man Muße, den Gletscherschwund in seiner Nordflanke, am einstigen Normalweg des »Hofmannswegs«, zu verdauen. Auf der anderen Seite stürzt der Blick ab ins Fuschertal, über dem die Eisbrüche von Bärenkopf und Wiesbachhorn ihren letzten Tagen entgegenfiebern. Noch lebt der

Kontrast von dunklen Felsen und glitzerndem Eis über dem grünen Talboden, am Horizont verblassen die Felskämme von Watzmann und Hochkönig.

Grenzwertiger Standort: Enzian und Steinbrech auf dem Kloben werden demnächst mit ihrer Scholle Richtung Wiesbachhorn und Fuschertal abrutschen.

Nun heißt es schlendern Die meisten Höhenmeter sind im Sack, die Genussphase beginnt. Ein paar unschwierige felsige Stücke beim Abstieg vom

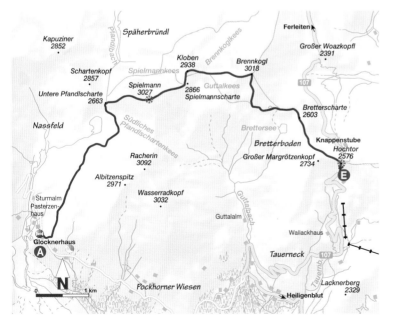

Abkühlung gefällig? Unter dem Brenn-kogel hat sich ein Tümpel mit Mini-Eisbergen bis in den August gehalten; dahinter steht das Wiesbachhorn.

Die Großglockner-Hochalpenstraße

Sie spielt eine große Rolle in der Logistik dieser Tour, und ohne sie wären Bergtouren im Glocknerge-biet generell aufwendiger: Am 3. August 1935 wurde die Groß-glockner-Hochalpenstraße einge-weiht; 3200 Arbeiter waren beteiligt, 14% der österrei-chischen Straßenbauausgaben flossen in das Projekt. 48 Kilome-ter und 27 Kehren sind es von Bruck im Norden nach Heiligen-blut im Süden, 2571 Meter hoch ist der Kulminationspunkt Edel-weißspitze. Und jede Menge Info-tafeln und Ausstellungen klären Besucher auf über die Natur-Be-sonderheiten und die Geschichte des Übergangs, den schon die Römer benutzten.

Spielmann sind mit Drahtseilen gesichert, dann geht es am Kamm entlang weiter. Glockneraspiranten folgen nicht dem gemütlichen Wanderweg , son-dern machen ein paar Fleiß-Zugaben. Ein grasiger Grat führt hinauf auf den Kloben, ein Gipfel wie sein Name: Die sanfte Gipfelwiese schreit nach Siesta mit Gletscherblick. Ein umgestürztes Schild »Schiabfahrt Käfertal« erinnert daran, dass der Kloben im Winter ein beliebtes Skitourenziel ist; jetzt im Sommer ist die Kante des Gipfels eingerissen, als ob sich ein Teil der Gip-felfläche talabwärts verabschieden wollte. Der Klagenfurter Jubiläumsweg wurde von der gleichnamigen OeAV-Sektion zu ihrem 100. Geburtstag an-gelegt und geht eigentlich noch eineinhalb Tage lang weiter bis zum Sonn-blick. Seine normale Route führt hier unter dem Brennkogl durch über ein Schneefeld, das früher auch mal ein Gletscher war, das Guttalkees. Viel loh-nender als das Flachstück ist es, dem Brennkogl (3018 m) einen Besuch ab-zustatten, dem zweiten 3000er im Kamm. Für Geländegängige ist er ganz klar der Tageshöhepunkt.

Ein abschreckender Schrofenaufschwung lässt sich auf Trittspuren ganz passabel erklimmen, oben wandert man über eine Mondlandschaft aus Glim-merschieferschutt, hochalpine Tundra, der prächtige Steinbrechpolster Leben abringen – wie auf Luftkissen schwebt man dahin. Und alle 3000er der Glock-nergruppe, den Chef eingeschlossen, schauen zu. Ein kurzer Abstieg führt hinunter in eine Scharte, wo ein himmelblaugrüner Bergsee mit schmelzen-den Firn-Eisbergen Abschreckung für hartgesottene Nicht-Weicheier anbietet. Dann führen Pfadspuren zum Gipfel, durch eine rustikale Blockhalde, in der die Felsfarben mit den Blüten wetteifern: Malachitgrün, Rostbraun, Senf-gelb…Man glaubt es gern, dass in solch offensichtlich mineralreichem Ge-

stein auch edlere Erze zu finden sind. Vom Hochtor bis herauf unter die Gipfel von Kloben und Brennkogl wurde im 16. Jahrhundert Silber und Gold abgebaut, es sind die höchstgelegenen Erzminen der Alpen. Das hier geförderte Mineral »Freibergit« enthielt 45 bis 55 Prozent Silber. In der Nähe des Hochtors, bei der sogenannten »Knappenstube«, sind noch eingestürzte Stollenlöcher zu entdecken.

Es sind noch ein paar Meter auf und ab, immer gut markiert über den Bretterkopf zum Hochtor: Besser kann es nicht mehr werden, aber langweilig ist keiner davon. Violette und gelbe Blüten setzen bunte Tupfen in die tote Schuttlandschaft, der Brettersee bereichert den Fernblick auf die unbekannten Ausläufer der Tauernberge – wer kennt schon Gösnitzkopf, Kristallkopf oder Böses Weibl? Respektable 3000er allesamt, Ziele für Einsamkeitsfreunde in Sichtweite des Glocknerstraßen-Hochalpenzirkus. Am Hochtor ist man drin im perfekten Infotainment um Österreichs Gipfel. Schon die Römer nutzten den Übergang über diesen »Tauern« (das Wort steht schließlich für einen Pass). Säumer brachten Salz nach Süden, Wein nach Norden, später wurden Gold und Silber aus den alpinen Erzminen transportiert, 1000 Tonnen Fracht wurden um 1500 n. Chr. über das Hochtor getragen. Und Verbrecher stolperten, mit zehn Meter langen Ketten aneinander gefesselt, als Galeerensklaven nach Venedig. Für Bergradler wartet mit der Straße ein zweischneidiger Schlusspunkt: In einem Hui geht es mit qualmenden Bremsen 700 Meter hinunter, doch dann in zwar sanfter Neigung, aber eben nicht mehr ganz frisch noch mal 300 Meter hinauf bis zum Glocknerhaus. Der Fensterbach-Wasserfall unterwegs wird als »Kraftplatz« angepriesen – ob's hilft für die letzten Meter? –ad–

Alpiner Auftakt: Hinter dem Gipfel des Spielmann posieren Großglockner und Sonnenwelleck, der Partnergipfel des Fuscherkarkopfs.

2.4 Fuscherkarkopf (3336 m)

Nevada oder Hoggar? Das Bratschenphänomen

| schwer | leicht | 5–6½ Std. | 900 Hm |

Tourencharakter
Wander-3000er mit hochalpinem Charakter (T6, KS A). Der sehr spezielle Fels fordert bei ständiger Absturzgefahr hohe Konzentration und gute Gehtechnik.

Ausgangspunkt
Franz-Josefs-Höhe (2450 m)

Anfahrt
Über die Glockner-Hochalpenstraße von Fusch (N) oder Heiligenblut (S)

Gipfel
Fuscherkarkopf (3336 m)

Gehzeiten
Franz-Josefs-Höhe – Gamsgrube 1 Std. – Gipfel 2–3 Std., Abstieg 2–2½ Std.

Hütte
Glocknerhaus (2132 m),
Tel. 00 43/(0)48 24/2 46 66,
dasglocknerhaus.at

Einen besseren Glocknerblick kriegt man nirgends: Direkt gegenüber Österreichs Höchstem, nur durch die schmelzende Pasterze getrennt, bröselt der Fuscherkarkopf vor sich hin. Ein ordentlicher 3000er, ohne Schneeberührung erreichbar – ein ungewöhnlicher Berg, der im Gedächtnis bleibt.

Nicht alle Bratschen machen Musik Es sei denn, man hört das Rumpeln, Kollern und Hüpfen des Steinschlags über dem Rauschen des Gletscherbaches mit dem Ohr des Wildnisfreundes. »Bratschen« – so nennt man den Kalkglimmerschiefer, der dem Fuscherkarkopf und seinem Nachbarn Sinabeleck (Sonnenwelleck) die charakteristische, ebenmäßige Form verleiht. Das schiefrig geschichtete, goldbraun glänzende Gestein zerkrümelt beim bloßen Hinschauen. Zum Glück bleibt sein Neigungswinkel dabei so, dass Bergschuhe ausreichend Reibung finden, aber die haltlosen Flanken garantieren für ein intensives Erlebnis »Berg«.

Sieben Tunnel machen den Anfang Der »Gamsgrubenweg« ist ein Teil des Eventparks (auch wenn er sich nicht so nennt) Großglockner-Hochalpenstraße: eine kinderwagentaugliche Promenade über der Pasterze mit Glocknerblick und Murmeltierstreicheln. Zum Steinschlagschutz beginnt er an der Franz-Josefs-Höhe mit einigen Tunneln, in denen Ausstellungen und Infotafeln integriert sind, Teil des Gesamt-Entertainment-Konzepts. Wer sich an den vielen Mitläufern nicht stört, wird das Warmlaufen vielleicht sogar als angenehm empfinden.

Die Murmeltiere am Gamsgrubenweg scheinen sich ihrer Testimonial-Rolle für den Nationalpark bewusst zu sein und lassen sich nur ungern stören.

Kompromisslos nach oben führt dann ab der Gamsgrube der Weg. Der Südwestgrat, im AV-Führer noch mit Schwierigkeitsgrad II bewertet und als »wenig begangen« ausgewiesen, ist heute der Normalanstieg und durchgehend markiert. Wer's eisiger mag, geht über die Oberwalderhütte zur Fuscherkarscharte und den Nordwestgrat, eine nicht viel schwierigere Variante. In gleichbleibender Steilheit um die 40 Grad schwingt sich der breite Rücken nach oben, nicht immer ist der Weg klar ausgetreten, wer nicht aufpasst, steht schnell im bröseligen Steilsand; im unteren Teil und an einem Gratturm helfen kurze Drahtseilstücke. Und immer wieder fasziniert dieser Fels: Mal kommt man sich vor wie in den vom Wind ausgefrästen Sandsteincanyons von Nevada, die runden Höcker am Gipfelgrat erinnern an die Felskuppen des Hoggar – oder an eine italienische Schichttorte. Auf den letzten Metern bringen ein paar kurze Kletterstellen Abwechslung in den konzentrierten Gehrhythmus. Steigeisenkratzer zeugen von einer Zeit, als das hier noch ein »Firngrat mit Wächten« (AV-Führer) war – und die dunkle Nordflanke eine beliebte Einsteiger-Eisflanke. O tempora … *–ad–*

Wie vom Wind gefräste Sanddünen erscheinen die Kalkglimmerschiefer-Wellen am Gipfelgrat des Fuscherkarkopfs.

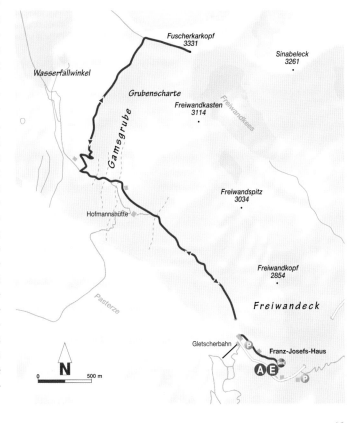

2.5 Großglockner (3798 m) über den Stüdlgrat

Dem Gründer auf der Spur

schwer   schwer   10–15 Std.   1900 Hm

Tourencharakter
Sehr anspruchsvolle Hochtour (ZS) mit vielen, teils ausgesetzten Kletterstellen bis zum dritten Grad, nur stellenweise mit Drahtseilen und Steighilfen erleichtert.

Ausrüstung
Hochtourenausrüstung mit Steigeisen und Pickel, 50-Meter-Einfachseil, Helm, ein paar Expressschlingen, evtl. einige Klemmkeile

Ausgangspunkt
Lucknerhaus (1920 m), Mautstraße (5 km) von Kals auf der Südseite der Glocknergruppe

Gipfel
Großglockner (3798 m)

Gehzeiten
Lucknerhaus – Stüdlhütte 2–3 Std. – Luisenscharte (3175 m, Einstieg) 1½ Std. – Gipfel 3–4 Std.; Abstieg siehe Normalweg (S. 48)

Hütte
Neues Lucknerhaus (1920 m), Tel. 00 43/(0)48 76/85 55, lucknerhaus@tirol.com
Lucknerhütte (2241 m), Tel. 00 43/(0)4876/84 55, lucknerhof@tirol.com
Stüdlhütte, 2801 m, Tel. 00 43/(0)48 76/82 09, info@stuedlhuette.at
Erzherzog-Johann-Hütte/ Adlersruhe (3454 m), Tel. 00 43/(0)48 76/85 00, info@erzherzog-johann-huette.at

Rechte Seite: Beim Zustieg über das Teischnitzkees springt die Linie des Stüdlgrats unübersehbar ins bergsteigerisch geprägte Auge – wohl dem, der's draufhat!

Nein, er hat ihn nicht erstbegangen, der Namensgeber des Glockner-Südgrates. Aber im Erschließer-Geist des „Goldenen Zeitalters" hat der Alpenvereinsgründer Johann Stüdl diese schöne Kletterei einer größeren Zielgruppe zugänglich gemacht. Ein Klettersteig, wie oft vermutet, ist der Grat dennoch beileibe nicht.

Ein Klettersteig? Sicher nicht! Der Stüdlgrat ist alles Mögliche: abwechslungsreiche Hochtour, Prachtkletterei auf einen Pfundsberg, oft unterschätzter Klassiker, der schönste Anstieg auf den Glockner – nur gewiss kein Klettersteig! Man findet durchaus das eine oder andere Drahtseil, ein paar Trittstifte und -bügel. Aber wer sich nicht sicher im hochalpinen Felsgelände bewegt, hat hier nichts verloren.

Sogar ein bisschen Gletscher gehört dazu Gemütlich ist man am Vortag vom Lucknerhaus auf dem Wanderweg heraufgetapert zur Stüdlhütte, hat sich am viel gerühmten Abendbuffet gütlich getan, ist zu nachtschlafender Zeit aufgestanden und hinausgetreten in die klare Nacht. Dann wechselte der Weg auf das Teischnitzkees über, und während die Dämmerung dem Tal Strukturen verlieh, stieg man über den spaltenarmen Gletscher hi-

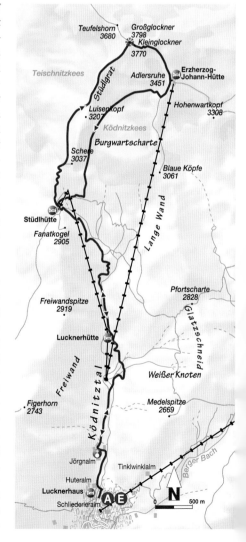

nauf zur Luisenscharte, wo mit wildem Elan die Kante hinaufpfeift zum Gipfel Österreichs.

Am Anfang hat man noch die Wahl Links des Grates durch relativ leichtes Blockgelände oder gleich an der Schneide entlang. Allmählich wird das Gelände steiler, die Kletterei zwingender. Spätestens am »Frühstücksplatz« auf 3550 Metern Höhe ist Schluss mit lustig. Schwarz auf Gelb warnt ein Schild: Wer bis hierher länger als drei Stunden gebraucht hat, soll umkehren, »ab hier beginnen die Hauptschwierigkeiten«. Übertreibung? Panikmache? Weder noch. Regelmäßig pflücken die ehrenamtlichen Retter der Bergwacht Aspiranten vom Grat, bei denen die Sehnsucht größer war als die Reife. Wer aber gut vorbereitet antritt, für den beginnt jetzt das Feuerwerk des Klettervergnügens.

Kompakt und fest ist der Grünstein Verlässlich sind Griffe und Tritte, wenn auch manchmal etwas plattig, widerspenstig. »Senkrechte Stellen oder gutgriffige Überhänge verlangen bereits Kraftaufwand« heißt die Definition des II. UIAA-Grades – Petersstiege, Blaues Brett, Hoher Rat, Kanzel, Roter Fleck, Klapfl lassen sie Realität werden. Verlaufen ist kaum möglich, an den steilsten Stellen leiten Drahtseile nach oben, und Kratzspuren von Steigeisen zeigen, dass bei verschneiten Verhältnissen hier noch ganz andere Fähigkeiten gefragt sind. Und dann, endlich oder gar zu schnell, steht man oben am Kaiserkreuz, und fühlt sich königlich ... *–ad–*

Johann Stüdl – Mäzen der Bergler

Der Prager Kaufmann Johann Stüdl (1839–1925) bestieg nicht nur etliche Gipfel der Hohen Tauern als Erster, er gehörte auch zu den Gründungsmitgliedern des Deutschen Alpenvereins und engagierte sich für die Bewohner von Kals. Um die Südanstiege auf den Glockner zu propagieren, finanzierte er 1868 den Bau der Stüdlhütte und die Sicherungen am Südwestgrat, der heute seinen Namen trägt. Ironischerweise kam die stärkste touristische Konkurrenz durch einen neuen Weg von der Pasterze zur Adlersruhe ausgerechnet 1869 von Karl Hofmann, der in diesem Jahr gemeinsam mit Stüdl den DAV gründete.

Von Süden, vom Seebensee in den Miemingern, bietet die Zugspitze wohl den attraktivsten Anblick; durch die bis 1000 Meter hohen »Wetterwände« ziehen schwierige Kletterrouten.

3. Deutschland: Zugspitze (2962 m)

3. Zugspitze (2962 m)

Deutschland

Keiner, wirklich keiner der Seven Summits ist so leicht zu erreichen! Gleich drei Seilbahnen stehen zur Wahl: die Tiroler Zugspitzbahn von Ehrwald, die Eibseebahn von Grainau und die Bayerische Zugspitzbahn, ein Zahnradzug aufs Zugspitzplatt, dessen rettungslos abschmelzender Restgletscher nun nicht einmal mehr mit Plastikplanen für den Skibetrieb zu erhalten versucht wird, und von dort mit der Gipfelseilbahn hinauf. Die Touristiker bieten sogar eine »Zugspitzrundtour« an, eine Überschreitung gewissermaßen: Zahnrad-

Warum nur heißt das »Werdenfelser Land«? Viel felsiger als über dem Talkessel von Garmisch-Partenkirchen können Berge kaum werden.

bahn, Gipfelbahn, runter zum Eibsee und per Zug zurück nach Garmisch-Partenkirchen. Der Gipfel ist voll eventtauglich durchgestylt. Zum altehrwürdigen »Münchner Haus«, der Alpenvereinshütte am Gipfel, und der weltweit vernetzten Wetterforschungsstation gesellen sich Ausstellungs- und Konferenzräume und Toiletten, die extra »für unsere arabischen Gäste« ausgestattet sind.

Aber Bergsteigen heißt ja, sich aus eigener Wahl das Leben schwerer machen als nötig. Und die Hilfsmittel beim zutiefst unnötigen Hinaufsteigen auf Berge auf ein Maß begrenzen, das man als angemessen empfindet. Das heißt:

exakte Karten und ein verlässlicher Wetterbericht sind Grundlage, gepflegte und markierte Wege zweifelsfreier Standard, gegen ein Stück Drahtseil hier und da wird wohl auch niemand ernsthaft Widerspruch einlegen – und wenn die Wand noch steiler wird, darf man wohl auch auf ein paar Klammern und Sprossen hoffen … schließlich macht man ja zumindest die Höhenmeter aus eigener Kraft.

Ja, rundum erschlossen ist die Zugspitze auch für Bergsteiger. Doch obwohl man auf kaum einem der Anstiege allein ist, und auf dem Gipfel, im Gedränge der Seilbahnbezwinger, schon gar nicht, kann man Spaß haben an diesem Berg und schöne Erinnerungen nach Hause bringen. Schließlich klotzt das Massiv volle

Aus A. Römers Tagebuch

»Am Höllentalferner auf dem Weg zur Zugspitze herrscht am Morgen oft dichter Nebel. Man sieht dann die Hand vor Augen nicht mehr und hat Schwierigkeiten, auf dem richtigen Weg zu bleiben – ein Glück, dass es unterwegs zahlreiche Steinmännchen gibt. Mit deren Hilfe gelingt es, sich auch im dichtesten Nebel noch zu orientieren.«

2000 Höhenmeter über dem Werdenfelser Talkessel, schon bei der Autobahnanfahrt den Horizont dominierend. Wer das an einem Tag schafft, weiß am Abend, was er geleistet hat, und auch mit einer Hüttenübernachtung bleiben zwei ordentliche Etappen, die mit dem Höhenunterschied unterschiedlichste Landschaften durchstreifen. Da sind die Höllental- oder die Partnachklamm, schäumende Wildbachschluchten, bei den Anstiegen durchs Höllen- oder Reintal. Da entsteigt man dem Nadelwald, durchbricht die Krummholzzone, überragt von steilsten Fels- und Schrofenflanken, hatscht über endlose Schutt- oder kurze Karstfelder, touchiert wohl auch mal Reste »ewigen« Schnees – und hat zuletzt auf jeden Fall Fels in der Hand.

Gipfel to go: Gleich drei Seilbahnen führen zu Deutschlands höchstem Punkt. Für echte Bergsteiger ist es natürlich Ehrensache, dieses Angebot auszuschlagen.

Informationen

Ausgangsort
Zentraler Anlaufpunkt ist Garmisch-Partenkirchen (708 m); von
hier fahren Bahn und/oder Bus
nach Osten (Mittenwald, Leutasch), Westen (Ehrwald, Fernpass)
und Norden (Farchant).

Anfahrt
Autobahn A95 von München nach
Garmisch-Partenkirchen; Bahnver-
bindung von München Richtung
Innsbruck (stündlich im Werden-
fels-Takt)

Beste Zeit
Besonders für die niedrigeren Gipfel und südlichen Anstiege ab
Mai/Juni bis Oktober; an der Zugspitze Ende Juni bis September.

Karte
Die TK Bayern 1:50 000, UK-L31
»Werdenfelser Land«, erfasst alle
Gipfel bis auf Loreakopf und Hohe
Munde (Karten siehe dort).

Literaturtipps
Krimis im Werdenfelser Land
schreiben Jörg Maurer, Nicola Förg
und Marc Ritter; sein »Kreuzzug«
halluziniert einen Terroranschlag
auf die Zugspitzbahnen. Stefan Kö-
nigs »Auf dem hohen Berg« erzählt
eine seltsame Liebesgeschichte um
die Gipfel-Wetterstation.

Tourismus-Information
Markt Garmisch-Partenkirchen,
Rathausplatz 1, 82467 Garmisch-
Partenkirchen, Tel. 0 88 21/91 00,
Fax: 0 88 21/9 10 90 00,
www.gapa.de

Dieses Kreuz kennt jeder Bergfreund:
4,88 Meter hoch ist das Gipfelsignal
Deutschlands, 2009 wurde es für 15 000
Euro neu vergoldet.

Wenn auch die letzten Meter hinauf zum berühmten vergoldeten Kreuz mit Leitersprossen gezähmt sind.

Doch, sie ist ein echter Berg Das beweisen die Unfälle, die am höchsten Gipfel Deutschlands immer wieder geschehen. Da endet ein organisierter Berglauf im Desaster eines Schneesturms; da sterben am Höllentalsteig mehrere Teilnehmer einer Wandergruppe am sturmumtosten Gipfelgrat; da fliegt im Hochsommer fast täglich der Bergwachthubschrauber, um überforderte Opfer überheblicher Selbsteinschätzung vom Jubiläumsgrat zu picken, der eben weder Wanderweg noch Klettersteig ist, sondern eine echte alpine Tour, eine Hochtour ohne Eis sozusagen – dem Könner ein großzügiges Vergnügen, dem Möchtegern eine endlose Prüfung. Dass 2000 Höhenmeter nicht nur eine Portion Anstrengung bedeuten, sondern auch rund zwölf Grad Abkühlung zwischen Tal und Gipfel, vergessen manche, die sich in kurzen Hosen auf den Weg machen oder zu wenig Getränk mitnehmen. Denn Wasser gibt es erst ganz oben, in der Seilbahntoilette ...

Das Wetterstein ist gut erschlossen Schon im 18. Jahrhundert gab es Karten des Gebirges; 1820 gelang dem Leutnant Josef Naus die erste belegte Besteigung während eines Vermessungseinsatzes. Der große Ostalpenpionier Hermann von Barth durchstreifte 1870 und vor allem 1871 die Gruppe und bestieg, meistens allein, viele der höchsten Gipfel, so auch den »Second Summit« von Deutschland, den Hochwanner (2744 m). Jede Menge Wege durchziehen den Gebirgsstock heute und erlauben ausgedehnte Hütten-Rundtouren. Auch wenn im Oberreintal oder an der Schüsselkarspitze genügend schwere Aufgaben auf starke Kletterer warten: Das Wetterstein mit den umgebenden Bergstöcken ist und bleibt auch ein Land für Wanderer.

Welchen Weg hinauf also? Den Reintalanstieg muss man kennenlernen, die Route des Erstbesteigers aus dem Jahr 1820, dazu natürlich die deutlich rassigere Alternative durchs Höllental mit Gletscher(chen) und Klettersteig – und jene, die wirklich alle Seven Summits angehen wollen, kommen nicht um den »Jubelgrat« herum, das alpinste Standardziel am Berg (aber er hat auch noch Ausgefalleneres parat für Kletterer und Winterbergsteiger ...). Und

da die Zugspitze ein Berg der Wege ist, präsentieren sich als Vorbereitungstouren die schönsten Aussichtswanderungen rund um das Massiv, die Ein- und Ausblicke aus den verschiedensten Perspektiven erlauben: Von Fricken und Wank überblickt man die große Wettersteinmauer mit Alp- und Zugspitze; vom Kramer schaut man auf die steile Nordwand über Grainau; der Loreakopf zeigt die Zugspitze als mächtiges Massiv über weiten Talflächen, die wilde Südwestflanke über Ehrwald dominiert den Blick von der Sonnenspitze; die Hohe Munde schaut auf das großzügige Platt mit seinen schwindenden Gletschern. Auf dass hinterher jedem klar sei: Der höchste Berg Deutschlands ist wirklich ein Brocken! *–ad–*

Selbst im viel besuchten Wettersteingebirge findet man Oasen der Stille. Am Ufer der Partnach kann man es sich an einem warmen Sommertag einfach gut gehen lassen.

3.1

Zugspitze (2962 m) durchs Reintal

Der Königsweg auf die Königin

mittel   leicht   9–10 Std.   2300 Hm

Tourencharakter
Lange, Kondition fordernde hochalpine Wanderung (T3), am Gipfelaufbau leichte Klettersteigpassagen (KS A); dafür evtl. Klettersteigset und Helm.

Ausgangspunkt
Garmisch-Partenkirchen (708 m), Parkplatz beim Olympia-Skistadion

Endpunkt
Zugspitzgipfel, von hier auf dem Aufstiegsweg zurück oder mit der Seilbahn zum Eibsee und mit der Zugspitzbahn nach GAP

Gipfel
Zugspitze (2962 m)

Gehzeiten
GAP – Reintalangerhütte 4–5 Std. – Knorrhütte 2 Std. – Zugspitze 3 Std.; Abstieg Reintalangerhütte 3 Std. – GAP 3–4 Std.

Hütten
Reintalangerhütte, 1369 m,
Tel. 0 88 21/7 08 97 43,
reintal.de
Knorrhütte, 2051 m,
Tel. 01 51/14 44 34 96,
knorrhuette.de

Karte
Alpenvereinskarte 1:25 000, BY 8
»Wettersteingebirge, Zugspitze«

Auf markiertem Weg, trotzdem mühsam geht's von der Reintalangerhütte aufwärts – die richtige Plagerei kommt erst oben auf den Schuttflächen des Platts.

»Königin« ist vielleicht ein etwas stolzer Titel für einen von drei Seilbahnen erlegten Berg. Doch wer das Zugspitzmassiv über Garmisch aufragen sieht, könnte schon zu diesem Prädikat neigen. Kaum zu glauben, dass »von hinten durch die Brust ins Auge« ein gar nicht so schwerer Weg auf den höchsten Gipfel Deutschlands führt.

Man muss nur dem Wasser folgen Wie im Lied vom Wandern als des Müllers Lust können wir vom Wasser lernen, wo es leicht den Berg runter (oder auch hinauf) geht. Na ja, nicht gerade auf der Linie des fallenden Tropfens – sondern da, wo der Ferner vom Zugspitzplatt seine geschmolzenen Pfunde herunterschickt: durchs Reintal und die Partnachklamm. Diese setzt gleich zu Beginn einen Höhepunkt. Geradezu radltauglich ist der Weg betoniert (nur ist Radln nicht erlaubt), von den Fenstern und Galerien öffnen sich immer wieder Blicke auf die tosende, gischtende, rauschende Partnach. Ein spektakulärer Auftakt.

Dann wird das Wandern zur Meditation Manche schwärmen ja von dieser beruhigenden Funktion des Gehens; der gleichmäßige Rhythmus der Füße lasse auch die Amplituden des Chaos im Kopf auf ein gesundes Maß schrumpfen, die Gedanken finden sich … Einige Kilometer lang hat man die Möglichkeit, mit sich ins Reine zu kommen, das Reintal zieht sich. Schöner deutscher Wald steht ringsum, unten im Talgrund murmelt der Fluss … Nach der Bockhütte wird's lebendiger: Das Tal weitet sich, grauslige Schrofenflanken pfeifen hinauf zu schwarzgelben Felsmauern, frühlingsgrün glitzert der Bach, ganz hinten zackt die plattige Plattspitze über einer Karstfläche auf. Mitten in dieser Wildnis liegt die Reintalangerhütte, von Gebetsfahnen umflattert, in langer Tradition von besonderen Wirten geführt – guten Abend!

Unter dem legendären Hüttenwirt Charly Wehrle wurde die Reintalanger-hütte berühmt; auch heute unter seinem gleichgesinnten Nachfolger ist sie ein höchst erfreulicher Stützpunkt.

Simon weckt per Ziehharmonika Jetzt gilt's! Warmlaufen auf einem reich-lich blockigen »Golfplatz«, dann geht es steil den Latschenhang hinauf zur Knorrhütte – gelobt sei der frühe Aufstieg, denn die Morgensonne heizt schon kräftig ein. 1600 Höhenmeter sind es vom Reintalanger zum Gipfel, ein ordentliches Tagwerk. Nachtanken der Energiespeicher erlaubt die Knorrhütte – knapp die Hälfte ist hier geschafft. Dann geht es weiter, das Gras dünnt aus, durch eine Wüste nackten Schutts trampelt man bergwärts – cool bleiben! SonnAlpin, Seilbahnstation, man könnte noch eine Apfel-schorle trinken, dann der Schlussspurt. Durch Rollsplitthänge hinauf zum Westgrat, einige Drahtseile stabilisieren schwankenden Tritt, die Betonburg rückt näher … Eine letzte Aufgabe ist es, von der Aussichtsterasse den Aus-weg zum Gipfelaufbau zu finden, denn erst am goldenen Kreuz ist man ganz oben – aber dann!   *–ad–*

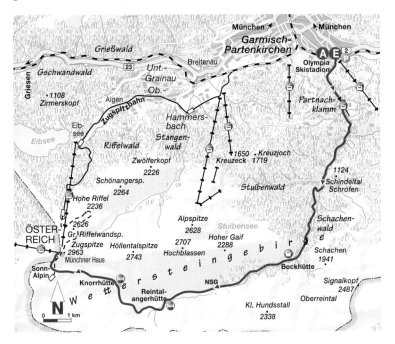

Wer war der Erste?

Großen Trubel gab es im Jahr 2006: In den Archiven des Deut-schen Alpenvereins tauchte eine Karte aus dem 18. Jahrhundert auf, in der ein Weg »ybers blath uf Zugspitze« mit 8,5 Stunden Gehzeit eingezeichnet war. Stan-den etwa damals schon Men-schen auf dem Gipfel? Hirten, Jäger, Schmuggler? Oder viel-leicht 1804 der kürfürstliche Ingenieur-Geograf Alois von Cou-lon, der kartografische Aufnah-men machte? Alle Vermutungen ließen sich nicht eindeutig bele-gen – die erste nachgewiesene Besteigung gelang am 27. August 1820 dem Leutnant Josef Naus und dem Bergführer Johann Georg Tausch mit zwei Begleitern.

3.2 Zugspitze (2962 m) durchs Höllental

Mehr Abwechslung geht (fast) nicht!

schwer **mittel** **7–8 Std.** **2200 Hm**

Tourencharakter
Lange, kombinierte Bergtour (L)
mit kurzer Gletscherbegehung und
Klettersteigpassagen bis C.

Ausrüstung
Klettersteigausrüstung, Helm; spätestens ab August können am Ferner Steigeisen, evtl. Pickel nötig
werden.

Ausgangspunkt
Hammersbach (770 m), bei Grainau, Station der Zugspitzbahn

Endpunkt
Zugspitzgipfel. Abstieg entweder
auf gleichem Weg oder mit der
Seilbahn zum Eibsee oder durchs
Reintal nach Garmisch-Partenkirchen; Verbindung durch die Zugspitzbahn

Gipfel
Zugspitze (2962 m)

Gehzeiten
Hammersbach – Höllentalangerhütte 2 Std. – Zugspitze 5–6 Std.;
im Abstieg 3–4 und 1½ Std.

Hütte
Höllentalangerhütte (1387 m),
Tel. 01 63/5 54 22 74,
davplus.de/hoellentalangerhuette
(Wiedereröffnung geplant für
2015)

Das Spiel der Wasser kann man in
der Höllentalklamm bewundern;
der Auftakt für die Zugspitzbestei-
gung könnte nicht spektakulärer
konstruiert werden.

Alles, was Bergsteigern Spaß macht, bietet diese Route: eine rauschende
Wildbachklamm, ein romantisches Hochtal, eine plattige Klettersteig-
passage, ein richtiger kleiner Gletscher und noch mal ein langer, hochalpiner Klettersteig – wer der Zugspitze durchs Höllental aufs Haupt steigt,
kann was erleben.

Glücklich, wer gut gerüstet ist In wilden Kaskaden gischtet der Höllental-
bach durch seine Klamm, die er bis zu 150 Meter tief in den Wettersteinkalk
gefressen hat. Glitschig sind die ausgetretenen Stufen, von der Decke tropft
es, der Bach rauscht und tost – selbst am heißesten Sommertag schätzt man
hier den Anorak. 1905 wurde die wildere der beiden Zugspitzklammen für
Touristen erschlossen (die Partnachklamm folgte 1912), Tunnel durch den Fels
gehauen, Geländer angelegt. So beginnt der lange Anstieg erfrischend kurzweilig. Schlagartig tritt man aus dem lärmigen Schlund ins Freie. Noch einige Meter steiler Wald, dann schlendert man dem Bach entlang zum
Höllentalanger.

Anger heißt Wiese Nadelbäume säumen den grünen Talgrund, den die Zugspitze mit steilen Felswänden abriegelt. Ein romantischer Fleck – kein Wunder,
dass die Münchner Alpenver-
einer schon 1893 hier eine
Hütte als Stützpunkt für den
Zugspitzanstieg gebaut haben.
2200 Höhenmeter wären es
ohne sie; gut, wenn der ge-
plante Ersatzbau ab 2015 wieder zur Verfügung steht (siehe
Kasten rechts). Ganz schön
weit hinten im Tal noch steht
der Gipfel – aber angeblich beginnt jede Reise mit dem ersten Schritt und ergeben
genügend davon jede beliebig
lange Strecke. Die Lärchen
und Latschen werden dünner,
Schutt füllt den Talboden, bald
sind die ersten beiden Klettersteigpassagen erreicht, an
»Leiter« und »Brett« helfen
Klammern über die steilen
Platten hinauf.

Im Spätsommer kann der Höllentalferner noch ganz schön lästig
werden mit Blankeis und Randkluft –
doch seine Tage sind gezählt.

Eine Wüste aus Schutt ist das hier oben Die zackigen Riffelköpfe zur Rechten wie die massigen Höllentalspitzen zur Linken sind nicht für eisenfesten
Fels berühmt; ihre Zerfallsprodukte füllen den oberen Talkessel wie Sanddünen. Der untere Teil des Höllentalferners liegt unter einer Schutthaut, nur
das Zopfmuster der Schmelzwasserbäche legt Eis frei. Spalten sind kaum zu
befürchten auf einem der letzten Gletscherreste Deutschlands, aber die letzten Meter zur Felswand können im Spätsommer hart und rutschgefährlich
werden; auch an der Randkluft waren schon mancherlei Kapriolen zu beobachten. Und danach warten noch volle 500 Meter Fels! Häufig helfen Drahtseile oder Trittstifte, aber es sind auch Passagen ohne Sicherung zu
bewältigen, und auf den letzten Metern liegt öfter mal Schnee…Nicht nur
gut gerüstet sollte man sein, auch gut zu Fuß! *–ad–*

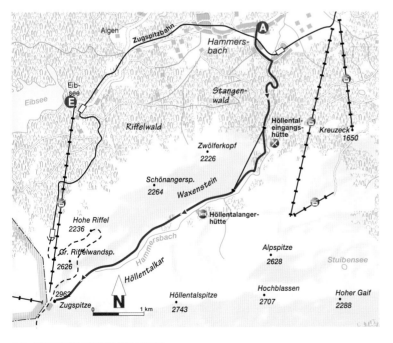

In der Hölle wird's bequem

Schnuckelig, urig, romantisch –
so mag sich mancher an die Höllentalangerhütte (scherzhaft
»Hölle« genannt) erinnern. Aber
der Bau aus dem Jahr 1893 war
klein, ungemütlich für das Wirts-
personal und genügte nicht mehr
den behördlichen Sicherheitsauf-
lagen. Deshalb entschloss sich
die DAV-Sektion München zu
einem Neubau mit unkonventio-
nellem Pultdach gegen Lawinen-
gefahr; eine Bürgerinitiative zum
Erhalt der traditionell einfachen
Bergsteiger-Unterkunft fand nicht
genug Unterstützer. Im September 2013 begann der Abriss, spätestens ab Sommer 2015 soll das
neue Gebäude mehr Platz und
auch Komfort bieten.

3.3 Hoher Fricken (1940 m) und Wank (1774 m)

Steilhang zur Aussichtsloge

leicht   5–7/9 Std.   1240 bzw.1780 Hm

Tourencharakter
Steile, aber maximal mittelschwere Wanderung (T2–3) am Fricken. Am Wank gemütliche Wege (T1), konditionell fordernd

Beste Jahreszeit
April/Mai bis Oktober

Ausgangspunkt
Farchant, Ortsteil Mühldörfl (702 m), Wanderparkplatz am Ende der Kuhfluchtstraße

Endpunkt
Evtl. Gschwandtnerbauer (1020 m), Straße von GAP; von hier am besten mit deponiertem Rad zurück zum Start

Gipfel
Hoher Fricken (1940 m), evtl. Wank (1774 m)

Gehzeiten
Mühldörfl – Hoher Fricken 3–4 Std., Abstieg 2–3 Std. Alternativ-Abstieg zur Esterbergalm (1264 m) 1–1½ Std., von hier zum Gschwandtnerbauer (+ 130 HM) 1½–2 Std.; oder Wank (1½ Std) – Gschwandtnerbauer (1½ Std.)

Hütte
Wankhaus (1780 m), Tel.0 88 21/5 62 01, info@wank-haus.de

1200 supersteile Meter sind es aus dem Loisachtal zum Gipfel des Hohen Fricken – entsprechend frei ist der Blick von der Panoramakanzel über den Werdenfelser Talkessel auf das Zugspitzmassiv. Wer sich konditionell richtig in Form bringen will für die langen Zugspitz-Anstiege, findet am Wank noch nette Zugabe-Möglichkeiten.

Ei, ei, warum vorbei? Der unschlagbare Werbespruch einer Tiroler Wirtschaft könnte auch zum Estergebirge passen. Die Zugspitze schon vor Augen, gibt man noch mal Gas hinter Oberau und rauscht durch den Farchanter Tunnel – die beste Garantie, dass die paar Bergfreunde, die ins verkehrsberuhigte Farchant abbiegen, weitgehend unter sich bleiben. Warum nicht einmal sich dieser Fraktion anschließen? Man wäre in guter Gesellschaft: Schon der bayerische König Maximilian II. ist hier auf dem heutigen »Königsweg« herumgestreift.

Auf den Gipfel kam der König nicht – das haben wir dem Monarchen voraus. Dem schäumenden Bach entlang geht es unter die Kuhflucht-Wasserfälle. Sie sind immer wieder Blickfang, wenn eine Pause genehm ist beim Aufstieg; steilere Wanderwege muss man suchen, kniehohe Stufen fordern Kraft und

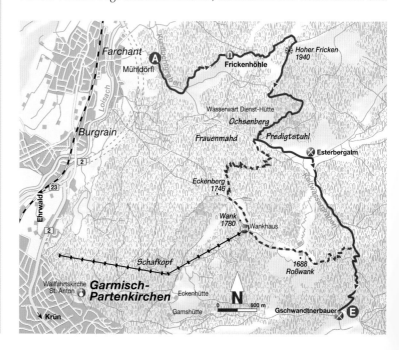

Sind so gemütliche Wege ... wer vom Wank auf den zuvor bestiegenen Fricken hinüberblickt, hat allerdings etwas geleistet.

Kondition. Aber flott nach oben kommt man auf diese Art; bald ist die Frickenhöhle erreicht, deren Eingang leider nur Eingeweihte finden. Man lässt den Wald unter sich und marschiert die letzten freien Grashänge zum Gipfelgrat hinauf, und die Aussicht steigert sich zum Maximum: Drüben das Kloster Ettal zwischen bewaldeten Hügeln, draußen die braungrüne Fläche des Murnauer Mooses, drinnen der zersiedelte Talboden von GAP und darüber die Felsenmauer zwischen Alp- und Zugspitze.

Wer noch nicht wankt, macht noch den Wank Es gibt mehrere Möglichkeiten, den Abstieg alternativ anzureichern. Erst mal steigt man auf dem Südkamm fast genauso steil hinunter wie man heraufgekommen ist. Genuss-Experten wenden sich am Hangfuß nach links zur Esterbergalm zwecks isotonischer Regeneration und schlendern dann mit ein paar Höhenmetern Gegenanstieg den Kaltwassergraben hinauf, bis sie drüben durch lockeren Wald bergab traben können zum Gschwandtnerbauer – das morgens dort deponierte Rad macht die Rückkehr nach Farchant zum Vergnügen. Als ultimativer Konditionstest bietet sich ausgerechnet der Wank an, der unscheinbare Seilbahngipfel über Partenkirchen, noch näher an der Schauseite der Zugspitze. 500 steile Meter auf gutem Weg sind es zur Gipfelwiese mit kinderwagentauglicher Panoramapromenade und Alpenvereinshütte. Der südöstliche Abstieg Richtung Gschwandtnerbauer punktet dann mit großartigem Karwendelblick – auch kleine Berge können Großes bieten ...   *–ad–*

Ganz schön hohle Berge

Die Kuhflucht-Wasserfälle, die in mannsdickem Strahl aus senkrechter Felswand schießen, sind das spektakulärste Höhlenphänomen des Estergebirges. Doch das Außenseiter-Gebirge beherbergt unter einer von Deutschlands größten Karstflächen jede Menge weiterer Höhlen: fast drei Dutzend haben Höhlenforscher erkundet und mit so klingenden Namen versehen wie Aldiloch, Wurmerkluft und Nebelschlündchen. Die Kuhflucht-Wasserfälle überwinden in drei Stufen 270 Höhenmeter und schütten bis zu 1500 Liter pro Sekunde aus – im Herbst und Winter allerdings können sie auch völlig versiegen.

3.4 Kramerspitz (1895 m)

Aussichtskanzel vor der Nordwand

| leicht | 6–8 Std. | 1350 Hm |

Tourencharakter
Wanderung auf Wegen (rot, T2);
beim Abstieg anfangs etwas ausgesetzt und gesichert.

Ausgangspunkt
Bayernhalle in der Bräuhausstraße
in Garmisch-Partenkirchen, 700 m

Gipfel
Kramer, 1985 m

**Gehzeiten
(einzelne Abschnitte)**
Bayernhalle – Kramer 3–4 Std. –
Stepbergalm (1583 m) ¾–1 Std. –
Kramerplateauweg 1½–2 Std. –
Bayernhalle ¾–1 Std.

Hütten
Berggaststätte St. Martin,
Tel. 0 88 21/49 70,
info@martinshuette-grasberg.de.
Stepbergalm, Tel. 0 88 21/22 38,
info@stepberg-alm.de; beide ohne
Übernachtungsmöglichkeit

Über Garmisch-Partenkirchen wirkt das Zugspitzmassiv nur bedrückend.
Überblick gewinnt man aus halber Höhe. Etwa vom direkt gegenüberste-
henden Kramer, dem kleineren Hausberg des Kurorts. Die Überschreitung
zur Stepbergalm garantiert einen schönen Tag auf guten Wegen, mit netter
Einkehr und viel Zeit zum Schauen.

Früh aufstehen lohnt sich Denn der südseitige Anstieg durch den steilen
Latschenhang wird, wenn die Sonne das Krummholz aufheizt, zur Sauna –
mit Lärchenduft-Aufguss zwar, doch so schweißtreibend, dass man etliche
Liter mehr Getränk mitnehmen müsste, was den Rucksack schwer macht,
wieder mehr Mühe kostet – ein logistischer Teufelskreis…

Die Sonnenseite bietet selten
schönes Licht für Fotografen –
Siesta-Aficionados sind dafür
umso glücklicher auf dem Kramer
mit Blick zum Wettersteingrat.

Wo man beginnt, ist fast egal Die Promenadentrasse des Kramer-Plateau-weges verbindet Ausgangs- und Endpunkt – egal, von wo man startet. Aber wenn man schon früh losgeht, dann vielleicht dort, wo's gleich steil raufgeht. Also beim Parkplatz Bayernhalle, dann in kurzem Anstieg hinauf zum Plateauweg und gleich weiter zur Hütte St. Martin, von der im Winter eine beliebte Schlittenbahn hinunterführt. Ab da wird's richtig steil. Vorbei an der »Felsen-Kanzel«, sozusagen einem Vorläufer der umstrittenen »Alpspix«-Aussichtsplattform gegenüber am Osterfelderkopf. Die 1900 errichtete, kleine Eisenkanzel in 1238 Metern Höhe schaut schon tief hinunter auf Garmisch-Partenkirchen und hinüber zum Wettersteinmassiv.

Doch es geht noch besser Eine ganze Reihe von Kehren später steht man oben am Kamm und darf die Identifikation des Panoramas als Begründung für eine kleine Pause nutzen. Klobig dominiert die Zugspitze den Ort mit dem unhandlichen Doppelnamen und stiehlt sogar der elegant geschwungenen Skisprungschanze die Schau. Im Osten die grauen Kämme des Karwendels, daneben grünhügelig das Estergebirge. Und im Norden, hinter den Waldrücken der Ammergauer, das Fünf-Seen-Land, weite Flächen mit blauen Seeaugen, bevor die Dunstglocke Münchens den Horizont abriegelt.

Ein hoher Laufsteg ist jeder Grat im Gebirge – nur dass die Models rundum stehen und das Publikum marschiert. Die letzte knappe Stunde hinüber zum Kramergipfel folgt dem Kamm, mal auf und ab, mal in die Flanke ausweichend, und immer umgeben von der Werdenfelser Bergprominenz. Auch nach dem Gipfel hört das Vergnügen nicht auf: Ein paar gesicherte Passagen gibt es ganz oben, dann gleitet man hinunter zur Stepbergalm, wo unter Umständen eine Milch gegen den ärgsten Durst zu bekommen ist. Der Rückweg zieht sich, aber ohne Leid: mit Moos bewucherte Ahornveteranen, leuchtende Wiesen, der letzte Spaziergang auf dem Plateauweg – der Kramer, ein guter Deal.   *–ad–*

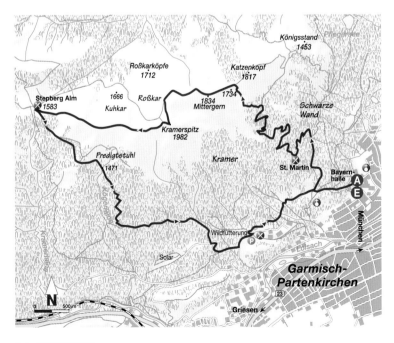

Loreakopf (2471 m)

Logenplatz für Individualisten

leicht–mittel   6–7/9 Std.   max. 1850 Hm

Tourencharakter
Zum Loreakopf lange, aber unschwierige Wanderung (T2), oben
ein bisschen felsig; die Überschreitung des Östlichen Kreuzjochs bietet ganz kurze, leichte Kletterstellen (I–II, T4).

Ausgangspunkt
Fernsteinsee (948 m); Parkplatz
beim See oder parken an der
Straße zum Campingplatz; Busverbindung von Ehrwald und Nasse-
reith

Endpunkt
Evtl. Fernpass (1212 m); Busverbindung

Gipfel
Loreakopf (2471 m), evtl. Östli-
ches Kreuzjoch (2231 m)

Gehzeiten
Fernsteinsee – Loreakopf
3½–4 Std., Abstieg 2½–3 Std.;
Loreakopf – Kreuzjoch 1–1½ Std. –
Fernpass 2–2½ Std. – Fernsteinsee
¾ Std.

Hütte
Loreahütte (2022 m), Privathütte
mit AV-Schloss für Selbstversorger,
Info unter Tel. 089/43 89 44,
kontakt@lorea-huette.de

Karte
AV-Karte 1:25 000, Nr. 4/1
»Wetterstein und Mieminger
Gebirge West«

Schaut felsig aus, ist aber nahezu
problemlos wanderbar: Der
Loreakopf ist einer der vernach-
lässigtesten Aussichtspunkte
im Zugspitzrevier.

Viel Ansprache wird man nicht finden hier oben, denn nur ein paar Eingeweihte kennen die Ecke um den Loreakopf über dem Fernpass. Entsprechend still ist es hier, und umso mehr Muße hat man zum Studium des
Zugspitzmassivs – oder für eine felsige Zugabe am Östlichen Kreuzjoch.

Schlag dem Stau ein Schnippchen Unter dieses Motto könnte man diese
Tour stellen. Denn statt sich am berüchtigten Fernpass hinter holländischen
Wohnwagen zu nerven, kann man das Auto einfach abstellen und die Berge
erkunden, an denen die Mehrzahl der Alpentouristen achtlos vorbeirauscht.
Vom Fernsteinsee folgt man zuerst der Straße zum Campingplatz für einige
Meter, bis die Beschilderung nach rechts Richtung Loreahütte weist. Steil und
kehrenreich geht es den Wald hinauf, der endlich von Latschen ersetzt wird,
dann erreicht man über freieres Gelände die Loreahütte. Die kleine Selbst-
versorgerhütte ist mit AV-Schlüssel zugänglich; ein romantischer Platz für
einsame Nächte mit großen Aussichten …

Adler mögen's einsam Auch der Abschnitt des Adlerwegs, der hier oben ent-
langzieht, wird wohl eher selten begangen. Gute Thermik hätten die Greifvö-
gel hier in den weiten Morgensonnenhängen. Der Weg zieht steil hinauf in die
Loreascharte, wo das Zugspitzpanorama im Rücken durch den Blick auf die
Lechtaler und Allgäuer Alpen ergänzt wird – von der breiten, schattigen Hei-

Hoch überm Tale schlendert man dahin beim Gang vom Loreakopf zum Östlichen Kreuzjoch; einige Kletterstellen würzen nur die Zugspitz-Panoramatour.

Der Katastrophe auf der Spur

Vor 5000 bis 10 000 Jahren brach etwa eine Milliarde Kubikmeter Fels aus dem Massiv des Kreuzjochs ab und verteilte sich über 15,5 Kilometer Länge im Talgrund. Die Schuttmassen formten den heutigen Fernpass und etliche Seen; es entwickelten sich spezielle Lebensräume für Tiere und Pflanzen, etwa für die Spirken (»Riesenlatschen«), die mit unsolidem Schuttboden besonders gut zurechtkommen. Der Naturpfad Fernpass erklärt auf zehn Schautafeln die ökologischen Besonderheiten – auf einer Wanderung um den Fernsteinsee (½ Std.) oder ins Natuschutzgebiet Afrigall (2½ Std.).

terwand über den Dreikant der Wetterspitze bis zu den Tannheimer Felsköpfen, im Süden glänzen hinter dem Inntal die Kämme der Ötztaler. Getragen von diesem Ambiente, gleitet man geradezu den Gipfelgrat hinauf, die paar Felsen vor dem Gipfel entpuppen sich als problemlos wanderbar – und bald steht man am Gipfelkreuz, wo sich mit den Berwanger und Ammergauer Grasbergen das Panorama rundet.

Darf's ein bisschen mehr sein? Natürlich kann man vom Loreakopf (in manchen Karten heißt er auch Loreaspitze) wieder auf dem Aufstiegswege hintersteigen. Man kann sich aber auch, als absolut stabiler Alpinkletterer, den teils etwas brüchigen, aber ausgesprochen anregenden Grat über den Tagweidkopf zum Mittleren Kreuzjoch geben – dafür sollte man gut zwei Stunden veranschlagen und auch im ausgesetzten IIer-Gelände entspannt unterwegs sein. Ein guter Kompromiss ist die Überschreitung der Östlichen Kreuzwand: zurück zu den Hängen der »Schneelöcher«, aussichtsreich hinüberschlendern und mit ein paar harmlosen Kletterstellen (II) auf den netten Gipfel und drüben wieder hinab. Über die Galtberghütte und das Kälbertal führt der Weg hinunter zum Fernpass, der nun ganz bestimmt auch eine positive Konnotation bekommen hat.   –ad–

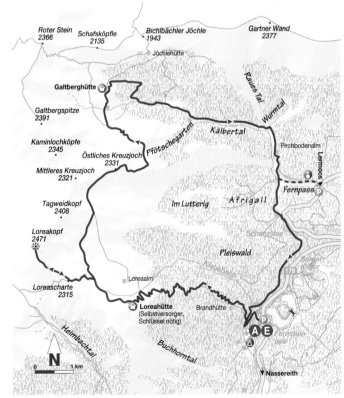

3.6

Ehrwalder Sonnenspitze (2417 m)

Die Schöne überm Seebensee

schwer   mittel   6–8 Std.   1350 Hm

Tourencharakter
Bergtour auf markierter Route, aber mit viel ungesicherter Kletterei im II. Grad (Südanstieg, T6, II); der Nordanstieg ist eine schwere alpine Wanderung (T5, KS A).

Ausrüstung
Helm, evtl. Seil und Sicherungsmaterial (Haken stecken)

Ausgangspunkt
Talstation der Ehrwalder Almbahn (1108 m), Busverbindung von Ehrwald, 25 km von Garmisch-Partenkirchen

Ausgangspunkt
Evtl. Ehrwalder Alm (1502 m), von dort mit der Seilbahn ins Tal

Gipfel
Ehrwalder Sonnenspitze (2417 m)

Gehzeiten
Talstation – Hoher Gang – Seebensee (1657 m) 1½ Std. – Coburger Hütte 1–1½ Std. – Sonnenspitze 2 Std. – Seebensee 1–1½ Std. – Ehrwalder Alm (1502 m) 1–1½ Std.; Talabstieg vergleichbar lang

Hütte
Coburger Hütte, Tel. 0043/ (0)6 64/3 25 47 14, office@coburgerhuette.at

Karte
AV-Karte 1:25 000, Nr. 4/1 »Wetterstein und Mieminger Gebirge West«

Als perfekte Pyramide posiert die Sonnenspitze über dem Ehrwalder Talkessel. Kaum vorstellbar, dass der unnahbare Felszahn für trittsichere Wanderer zugänglich sein soll. Doch tatsächlich gibt es gleich zwei markierte Anstiege – fast gemütlich der eine, schon ganz schön wild der andere; in Kombination sind sie unschlagbar.

Die Wahl der Qual 1400 Höhenmeter sind zu bewältigen, mehrere Möglichkeiten gibt es dafür. Steil ist es immer, schön auch. Die coolste Kombination geht so: den steilen Seebensee-Klettersteig (D–E) hinauf, dann gleich noch den Tajakopf-Klettersteig (D) anhängen und auf der Coburger Hütte gründlich regenerieren. Am nächsten Tag von Süden auf die Sonnenspitze und über Nordrücken und Hohen Gang zurück ins Tal. Für die Variante als Tagestour kann man die Klettersteige weglassen und die Ehrwalder-Alm-Seilbahn nutzen.

Auf dem Wasserfallweg marschiert man los Der Seebensee-Klettersteig im düsteren Winkel neben dem großen Wasserfall wäre eine tolle Option, wenn die Kraftreserven stimmen. Etwas entspannter ist der »Hohe Gang«, zu dem man bei den Stadeln von Fall rechts abbiegt: Steil zieht der Weg die Schrofenschlucht hinauf, bevor er waagerecht hinüberführt zum Seebensee. Der normale Weg führt am linken Ufer entlang, auf der Straße zur Materialbahn der Coburger Hütte, spannender ist der rechte Pfad, bei dem die wilde Zug-

Na, ist das ein Berg? Beim Abstieg vom Tajakopf, der einen prächtigen Klettersteig offeriert, zeigt sich die Sonnenspitze in fast perfekter Symmetrie.

spitz-Westflanke über dem blauen See jeden Fotografen in Ekstase versetzt. Am See-Ende vereinen sich die Varianten, und es geht steil hinauf zum Etappenziel Coburger Hütte über dem nächsten, dem Drachensee.

Dann wird es ernst Der Südanstieg auf die Sonnenspitze ist zwar markiert, aber selbst für einen schwarzen Wanderweg fordert er schon zu viel Kletterei. Schönes Gekraxel, in ordentlichem Fels, sogar mit betonierten Haken zur Sicherung, aber eben öfter der II. Grad. Wer's kann, genießt es. Zuletzt noch ein luftiger Verbindungsgrat zum Hauptgipfel, hoch über dem Ehrwalder Talrund – Zugspitze, Daniel, Lechtaler…herb geil!

»Nur für trittsichere Wanderer« ist der Gipfelgrat der Sonnenspitze ein Genuss. Andere kommen auch kaum herauf auf die Aussichtskanzel vor dem Daniel.

Runter kommen alle Zumindest wer den Südanstieg geschafft hat, wird am Nordrücken keine Probleme haben. Der schwarze Wanderweg wäre auch eine Aufstiegsalternative für die nicht ganz so Felsgewohnten. Auch hier sind auf den letzten Metern ein paar Kraxelstellen zu bewältigen, aber einige Drahtseile helfen. Nach einer halben Stunde ist das Schlimmste vorbei, und fröhlich trabt man durch die Wiesen hinunter auf den blauen See zu, der zum Bade lockt (aber Vorsicht: »S'isch cool, man!«). Dann kommt der letzte Trumpf: Nach ausgiebiger Rast schlendert man auf dem ebenen Fahrweg hinüber zur Ehrwalder Alm und gondelt gelenkschonend zu Tal.   *–ad–*

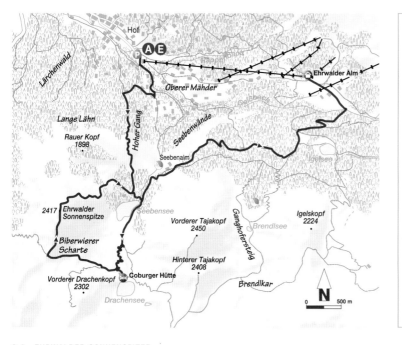

Extratour: der Taja-Klettersteig

Ganz zu Unrecht werden die Mieminger Berge viel seltener besucht als das Wettersteingebirge – vom fotogenen Seebensee mal abgesehen. Der Taja-Klettersteig (Schwierigkeit D) könnte das ändern, bietet er doch in Kombination mit der Sonnenspitze ein perfektes Wochenendprogramm. Zum Einstieg biegt man bald nach Beginn des Hüttenhangs links ab, dann immer dem Drahtseil folgend die Kante zum Tajakopf hinauf, mit viel genüsslicher Kraxelei und tollen Tiefblicken. Ein paar krümelige Meter vom Gipfel runter, geht's gemütlich zur Hütte – wo mit dem Drachensee noch ein grenzgeniales Fotomotiv lauert…

3.7 Hohe Munde (2659 m)

Der Riesenklotz über dem Inntal

| mittel | leicht | 8–10 Std. | 1600 Hm |

Tourencharakter
Lange Wanderung mit alpinem Charakter, einigen Drahtseilsicherungen (KS B) und auch ungesicherten absturzgefährlichen Passagen, ohne Überschreitung leichter (T4)

Ausgangspunkt
Leutasch Moos, Talstation des ehemaligen Munde-Liftes (1160 m), Bus von Mittenwald

Gipfel
Hohe Munde (2659 m)

Gehzeiten
Moos – Rauthhütte 1–1½ Std. – Hohe Munde 2½–3 Std. – Niedere Munde (2059 m) 1½ Std. – Gaistal (1340 m) 1½ Std. – auf dem Ganghoferweg nach Leutasch 1½–2 Std.

Hütte
Rauthhütte (1600 m), Tel. 00 43/(0)6 64/2 81 56 11, info@rauthhuette.at

Karte
AV-Karte 1:25 000, Nr. 4/1 »Wetterstein und Mieminger Gebirge West«

Nur moderne Wettbewerbs-Touristiker wähnen, dass Klettersteige erst durch Maximalschwierigkeiten attraktiv würden. An der Munde hat man Spaß an der Harmonie.

Südlich dem Wettersteinkamm vorgelagert, strecken sich die Mieminger Berge vom Fernpass zur Leutasch und enden dort in der Hohen Munde. Sie zeigt sich von Seefeld als elegante Kuppe, vom Inntal als mächtiges Felsmassiv – und bietet mit der Überschreitung eine anregende Konditionstour mit Idealsicht auf die Zugspitz-Südseite.

Skitouristen schwärmen von ihr Der 1500-Meter-Anstieg mit dem riesigen, 40 Grad steilen Gipfelhang ist bei guten Firnverhältnissen eine Schau für sichere Steiger und Fahrer. Wanderer müssen zu Fuß wieder runter. Sie erhalten aber als Lohn für den schweißtreibenden Aufstieg im Morgensonnenhang die Option einer anregenden Überschreitung: leichtes Klettersteiggelände in fast dolomitischer Szenerie. Und bestürzende Tiefblicke ins Inntal, 2000 Meter tiefer.

Durch duftende Wiesen führt der Weg aus der Leutasch zur Rauthhütte – egal, ob man von der Station des stillgelegten Lifts bei Moos startet oder zwecks Verkürzung des Rückwegs vom Kalvarienberg im Gaistal. Über der Bergstation dünnt das Gras aus, der Weg durchschlägt den Latschengürtel und zieht dann konsequent die schrofige Flanke hinauf. Derweil rücken die Ahrnspitzen und die Karwendelzacken, die zu Anfang noch den östlichen Horizont dominierten, auf Augenhöhe und bleiben zuletzt zurück; fast 2600 Meter hoch ist der Ostgipfel der Hohen Munde, der Westgipfel hat noch ein paar Meter mehr und auch keine störenden Technikaufbauten.

Auf luftigem Grat schlendert man hinüber zum Hauptgipfel, die endlosen Wandfluchten der Schüsselkar-Hochwanner-Kette zur Rechten, den Graben des Inntals zur Linken. Dann wird es richtig felsig. Wobei »Fels« als Euphemismus empfunden werden mag: Der Wettersteinkalk der Mieminger ist nicht unbedingt für seine Qualität berühmt – da mag durchaus mal ein Krümel verloren gehen; sorgfältiges Gehen und nicht allzu kräftiges

Anreißen erscheinen also als kluge Devise. Umso anregender sind die Formen: wacklige Türmchen, haarsträubende Wände, haltlose Schuttrinnen. Für Trittsichere bietet der gut markierte und teilweise gesicherte Weg trotzdem keine Probleme, bald ist der Fürleg-Grat erreicht, der als breiter Schrofenrücken hinunterzieht zum Sattel namens »Niedere Munde«, zurück zu Gras und Blüten. Der Rückweg, durch Wald hinunter ins Gaistal und zurück in die Leutasch, mag als geduldstestender Wermutstropfen empfunden werden. Aber man könnte sich auch einlassen auf den Ganghoferweg, ein Teilstück des Adlerwegs, durch dieses stille Waldtal – und vielleicht verstehen, warum der romantische Heimatdichter hier auf die Jagd gegangen ist. –ad–

Eine lange Gratfortsetzung über Karkopf und Hohe Wand böte sich an, jenseits des Gaistals schaut die Zugspitze zu beim Abstieg zur Niederen Munde.

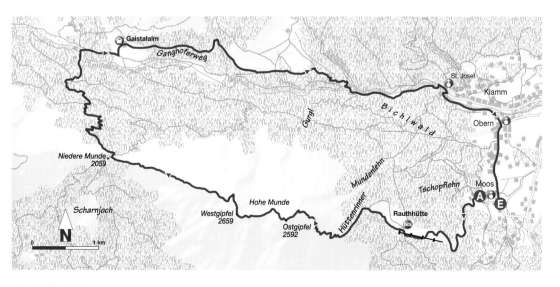

3.8

Zugspitze (2962 m)
Jubiläumsgrat

Jetzt wird's ernst!

schwer schwer 7–10 Std. 800 Hm

Tourencharakter
Lange, ausgesetzte hochalpine Bergtour (WS) mit vielen ungesicherten Kletterstellen bis III, lange Drahtseilpassagen mit einer kraftraubenden D-Passage kurz vor Gratende

Ausgangspunkt
Zugspitze (2962 m), per Zugspitzbahn und Bergbahn von GAP erreichbar – oder auf einem der Normalwege

Endpunkt
Osterfelderkopf (2033 m), von hier Seilbahn nach GAP mit Anbindung an die Zugspitzbahn

Gipfel
Innere (2737 m), Mittlere (2740 m) und Äußere (2716 m) Höllentalspitze, Vollkarspitze (2630 m), Alpspitze (2628 m)

Gehzeiten
Gipfel – Grathütte (2684 m) 3–5 Std. – Grießkarscharte (2463 m) 2–3 Std. – Alpspitze 1 Std. – Osterfelderkopf 1½ Std.

Hütte
Münchner Haus (2959 m), Tel. 0 88 21/29 01, muenchnerhaus.de Biwakschachtel vor der Äußeren Höllentalspitze (ca. 45% der Gesamtstrecke) als Notunterkunft

Karte
AV-Karte 1:25 000, Nr. 4/1 »Wetterstein und Mieminger Gebirge West«

Wer den »Jubelgrat« als Klettersteig betrachtet und angeht, hat nichts zu jubeln. Lange, ungesicherte Kletterstrecken in brüchigem, rollsplittübersätem Fels fordern den gestandenen Bergsteiger. Warum man sich dann so etwas antut? Ganz einfach: Eine geilere Gratüberschreitung ist nicht leicht zu finden.

Auf dem Gipfel geht es los Verkehrte Welt? Nun: Man kann natürlich auch durchs Höllental, Reintal oder auf dem Stopselziehersteig von Ehrwald heraufsteigen auf die Zugspitze. Dann hat man die Genugtuung, keinen Höhenmeter erschwindelt zu haben – und nach Übernachtung auf dem Münchner Haus dank frühem Start keinen Zeitdruck. Aber der Jubelgrat ist ein völlig anderes Kaliber – wer den im Sinn hat, wird sich nicht unbedingt vorher mit dem Pipikram eines der Normalwege abgeben (außer, er ist ein echter Alpin-Romantiker…).

Achtung, frisch gestreut So könnte man den Start empfinden. Hat man sich vom goldenen Kreuz gelöst, wandelt man auf schmalem Felskamm dahin, Abgründe links (Höllental) und rechts (Reintal), Himmel und Berge ringsum,

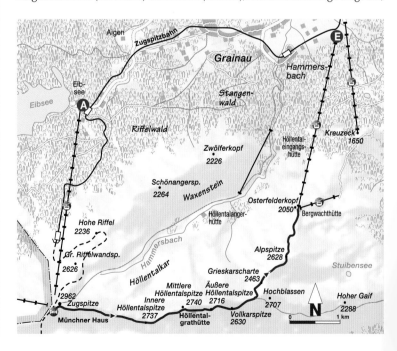

Nix da mit Klettersteig! Vor allem im ersten Teil des Jubiläumsgrates muss man in ausgesetztem Bruchgelände auch ohne Drahtseile solide unterwegs sein.

und trotz einiger Hundert Begeher jeden Sommer knirscht immer wieder loser Fels unter den Sohlen. Ordentlich aufpassen ist also angesagt, zumal in diesem ersten Drittel die alpinen Schlüsselstellen warten. Etwa die kurze, senkrechte Abkletterstelle hoch über dem Höllental. Oder die fast genauso luftige rote Wand auf der Reintalseite. Drahtseile sind hier noch sparsam gesetzt, erst beim Anstieg zur Inneren Höllentalspitze gibt es mehr davon.

Grat bedeutet Auf und Ab Das merkt man spätestens, wenn es von der Inneren Höllentalspitze hinunter geht und gleich wieder hinauf zur Mittleren, wieder runter und noch mal rauf zur Äußeren. Nicht ganz so schnell natürlich, denn jeder Schritt will wohl platziert sein; und vor dem dritten Gipfel lädt die neue, signalrote Biwakschachtel zur Rast und Panoramaschau. Aber es kommen schon ein paar Höhenmeter zusammen, obwohl man im Prinzip absteigt. Der Knaller wartet fast ganz am Schluss: Die Vollkarspitze protzt mit einer senkrechten, gelben Wand, trotz fetter Trittbügel heißt es ganz schön festhalten und durchreißen; ein paar Körner Restenergie wären nicht schlecht…

Dann klingt das Vergnügen aus Das heißt hier: schuttbedeckte Platten hinunter zur Grieskarscharte, noch mal 170 Meter hinauf auf die Alpspitze und dann über die Ferrata hinab, die für manchen Normalverbraucher Tagesprogramm ist – sind solche noch als Gegenverkehr unterwegs, weicht man lieber über Ostgrat und Nordwandsteig aus. Wer das alles schafft bis zur letzten Bahn am Osterfelderkopf, der hat nicht nur eine Menge erlebt, der darf auch hochzufrieden sein. *–ad–*

Konsum oder Können? Der alte Streit

Zum 40. Gründungsjubiläum der Sektion München, die die Zugspitze zu ihren »Arbeitsgebieten« zählt, sollte 1909 etwas Besonderes entstehen. Major a. D. Alfred Steinitzer schlug vor, den Grat zur Alpspitze auszubauen zu einem Höhenweg, »der seinesgleichen suchen dürfte«. – »Dieses Projekt fordert den schärfsten Protest heraus«, hieß es gleich, »die große Masse ist auch den Klettersteigen nicht gewachsen, Unfälle sind die Folge.« – Steinitzer geißelte den »Geist der Intoleranz« und setzte sich durch. Heute pflückt die Bergwacht bei Schönwetter fast täglich überforderte Aspiranten vom Grat.

Er ist zwar der kleinste Seven Summit, lässt sich aber gar nicht so leicht aufs Haupt steigen – der Grauspitz, höchster Gipfel in Liechtenstein.

4. Liechtenstein: Vorder Grauspitz (2599 m)

4. Vorder Grauspitz (2599 m)

Liechtenstein

Schon der morgendliche Aufstieg von der Älplibahn ist eine Gipfelschau vom Feinsten. Hier mit Blick über das Rheintal in Churer Berge mit Ringelspitz und Calanda.

Die Seven Summits! Da denkt man zunächst an die Großen, den Mont Blanc, die Zugspitze, den Großglockner, den Monte Rosa mit der Dufourspitze. Aber Liechtenstein? Grauspitz? Für die meisten Bergsteiger, die aufgefordert werden, die Seven Summits der Alpen aufzuzählen, wird es spätestens mit Liechtenstein schwierig. Aber Liechtenstein hat als sechstkleinstes Land der Welt in Bezug auf Wandern und Natur, Geschichte und Kultur unglaublich viel zu bieten! Nicht zuletzt auch einen der Seven Summits der Alpen.

Als Alpenland liegt Liechtenstein eingebettet zwischen der Schweiz und Österreich und teilt sich mit diesen auch die Gebirge. Der Rhein auf der einen Seite und die Gebirgsgrate auf der anderen bilden die natürlichen Grenzen des kleinen deutschsprachigen Staates, der gerade einmal 36 800 Einwohner zählt. Obwohl klein, wird zwischen Unter- und Oberland unterschieden, wobei das Oberland der südliche und alpine Teil ist und das Unterland sich vorwiegend in der Rheinebene befindet.

Wie die gesamte Rheinebene wurde das Gebiet schon in der Jungsteinzeit besiedelt. Römer und Alemannen herrschten hier. 1719 wurde es unter Karl VI. zum Reichsfürstentum erhoben und faktisch unabhängig. Aber erst beim Wiener Kongress 1815 wurde die Unabhängigkeit bestätigt und Liechtenstein in den Deutschen Bund aufgenommen. Einige Kriege musste das kleine Land über sich hinwegziehend ertragen. Nach den Napoleonischen Kriegen aber blieb es, wie die Schweiz, neutral und überstand so auch die beiden Welt-

Wandern im Internet

Die vorbildliche Präsenz der Wandermöglichkeiten im Internet ist eine besondere Erwähnung wert. Denn kaum eine Region bietet derart gute Informations- und Planungsmöglichkeiten als Online-Service. Zum einen sind viele Tourenmöglichkeiten im Internet ausführlich und kompetent beschrieben, zum anderen stellen die Touristiker Liechtensteins einen Online-Kartenservice zur Verfügung, der auf Basis der hervorragenden digitalen Schweizer Landeskarten die Tourenverläufe zeigt und die maßstabsgetreu ausgedruckt werden können. Folgende Webseiten bieten diese Dienstleistungen:
www.tourismus.li/de/Aktivitaeten/Sommer/Wandern/Wanderungen-in-Liechtenstein.html
geodaten.llv.li/wanderwege/wawe.htm

kriege, ohne in Kriegshandlungen verwickelt zu werden. Ein Zollvertrag mit der Schweiz löste 1919 einen Zollvertrag mit Österreich ab. Seitdem ist Liechtenstein eng mit der Schweiz verbunden, besitzt keine eigene Armee, und bezahlt wird in Schweizer Franken, aber auch der Euro ist gern gesehen. Liechtenstein war übrigens das erste Land der Welt, welches 1805 die allgemeine Schulpflicht einführte.

Zwei Gebirgsketten prägen das Land Die eine zieht von Feldkirch über die Drei Schwestern (2052 m) bis zum Grauspitz, mit 2599 Metern der höchste Punkt Liechtensteins, und trennt das Rheintal vom Saminatal. Östlich des Saminatals zieht ein Gebirgszug vom Galinakopf (2189 m) bis zum Naafkopf (2579 m), der wiederum über einen steilen Grat mit dem Grauspitz verbunden ist. Der Naafkopf

Aus A. Römers Tagebuch

»Nur wenige Bergsteiger zieht es auf den höchsten Gipfel des kleinsten Alpenstaates; viel beliebter bei Bergsteigern ist der nahegelegene Naafkopf. Als wir die Vordere Grauspitze am 18. Juli 2010 bestiegen, waren im Gipfelbuch lediglich zwei Einträge für jenes Jahr verzeichnet. Versteckt ist das Gipfelbuch in einem Steinmann am höchsten Punkt. Trotz ihrer Unscheinbarkeit ist der Berg überraschend alpin und äußerst lohnend!«

Informationen

Talorte

Für die hier beschriebenen Touren sind folgende Talorte relevant: Steg im Saminatal (1301 m), Malbun (1600 m), Malans in der Schweiz, Nähe Landquart (528 m)

Anfahrt

Mit dem Auto über Lindau, Feldkirch nach Liechtenstein.
Mit öffentlichen Verkehrsmitteln mit der Bahn über Lindau, Feldkirch nach Sargans (CH) oder Buchs (CH). Von Feldkirch, Sargans und Buchs verkehren regelmäßig Busse. Der öffentliche Verkehr ist vorbildlich ausgebaut.

Beste Zeit

Wanderungen in Liechtenstein können je nach Höhenlage von April bis Oktober unternommen werden.

Kartenmaterial

Landeskarten der Schweiz: 1:50 000 Blatt 238 »Montafon« und Blatt 237 »Walenstadt« 1:25 000 Blatt 1136 »Drei Schwestern«, 1156 »Schesaplana«, 1135 »Buchs«, 1155 »Sargans«, »Wanderkarte Liechtenstein« erhältlich auf www.tourismus.li

Tourismus-Information

Liechtenstein Marketing, Tel. 00 42/32/39 63 63, info@liechtenstein.li, www.tourismus.li

ist eine typische Dreiländerspitze, treffen dort doch Vorarlberg, Schweiz und Liechtenstein auf dem höchsten Punkt zusammen. Östlich schließt das Rätikon mit dem Panüeler Kopf und der Schesaplana an.

Auf über 400 Kilometer und gut ausgebauten Wanderwegen lässt sich die Schönheit des Landes erleben. Diese Wege reichen von einfachen historischen Pfaden und Themenwanderungen über mittelschwere Touren wie Drei Schwestern oder Naafkopf bis hin zu anspruchsvollen Wanderungen wie den beiden Grauspitzen. Oder gar zur Überschreitung von der Falknis über die Grauspitzen bis zum Schwarzhorn, bei der Kletterausrüstung und Seil zur notwendigen Ausrüstung gehören. Liechtenstein bietet über das Internet und die Toursimusverbände hervorragende Informationen und Kartenmaterial zur Planung an.

Walserland in Liechtenstein! Wenig bekannt ist, dass die Walser, auf ihrer Migration vom Wallis bis ins heutige Große und Kleine Walsertal, auch Liechtenstein durchquerten und dass einige dort blieben – vor allem am Triesenberg, über den man heute in die Wandergebiete bei Steg und Malbun fährt. 1355 sind die Walser am Triesenberg erstmals urkundlich erwähnt. Auf der Suche nach neuen, noch nicht besiedelten Hochlagen haben sie sich dort in mühsamer Kultivierungsarbeit eine neue Heimat geschaffen und vieles ihrer Kultur, ihrer Sprache und Baustile blieb erhalten. Das Walsermuseum Triesenberg mit seinem Informationszentrum ist auf jeden Fall einen Besuch wert, um in die Geschichte und Kultur der Walser einzutauchen. Der Walser-Sagenweg, welcher beim Museum startet, bringt dem Wanderer zudem die Triesenberger Sagenwelt näher.

Vorder Grauspitz – klein aber oho! Der höchste Punkt Liechtensteins wurde in den letzten Jahren aufgrund des Trends zum Seven-Summits-Sammeln

Bei Wanderungen im Zwergstaat Liechtenstein gerät man öfters auf Grenzgänge; Österreich ist nicht weit, aber richtig verbunden ist das Land mit der Schweiz.

recht beliebt. Trotzdem findet der Vorder Grauspitz nur eine überschaubare Zahl an Besuchern. Ein Blick in das Gipfelbuch bestätigt dies. Um diesen tun zu können, muss man den »nur« 2599 Meter hohen Gipfel allerdings erst einmal erreichen! Denn keiner der Wege zum höchsten Punkt ist als leicht einzustufen. Egal, ob man den Grauspitz von der Liechtensteiner oder Schweizer Seite angeht – der Weg ist immer lang und anspruchsvoll und erfordert den trittsicheren, alpin erfahrenen Bergwanderer. Viele begnügen sich deshalb auch mit dem Hinter Grauspitz, der mit 2574 Metern etwas niedriger liegt, aber doch um einiges leichter zu erreichen ist. Nasses Wetter oder gar Schnee können den Vorder Grauspitz hingegen schnell unmöglich machen. Wer aber die Herausforderung annimmt und bewältigt, wird mit einem einzigartigen Rundblick belohnt, der vom Lechquellengebirge über das Rätikon, die Silvretta, die Bernina, das Wallis und den Alpstein bis zum Bodensee reicht – und hat den niedrigsten Seven Summit in der Tasche.   –sh–

Die betonierten Stufen am Kamm der Drei Schwestern mögen grob erscheinen; wo möglich, werden die Wege naturnah gepflegt, aber dauerhafter Erosionsschutz ist am wichtigsten.

4.1 Vorder Grauspitz (2599 m)

Wie vor hundert Jahren

| schwer | leicht | 9–10 Std. | 900 Hm |

Tourencharakter
Sehr anspruchsvolle und auch konditionell fordernde Bergwanderung (T5) mit leichten Kletterstellen (I). Besonders heikel ist die Querung der Südflanke des Hinter Grauspitz. Diese ist bei und nach Regen/Schnee unbegehbar oder eine Harakiri-Aktion, wenn man es trotzdem versucht.

Ausgangspunkt/Endpunkt
Bergstation Älplibahn (1802 m)

Anfahrt
Von Liechtenstein auf die Autobahn nach Chur und die Abfahrt Landquart nehmen. Dort Richtung Malas zur Älplibahn

Gipfel
Vorder Grauspitz (2599 m)

Bahn
Älplibahn Malans, Tel. 00 41/81/ 3 22 47 64, www.aelplibahn.ch

Gehzeiten
Älplibahn – Alpe Ijes 2½ Std., Alpe Ijes – Punkt 2400 auf dem SO-Grat des Hinter Grauspitz 2 Std., Punkt 2400 – Vorder Grauspitz 1–1½ Std., Vorder Grauspitz – Älplibahn 3½ Std.

Beste Jahreszeit
Mai bis Oktober

Karten
»die älplibahn«-Wanderkarte, direkt an der Bahn für 7,50 CHF erhältlich.
Schweizer Landeskarte 1:50 000 Blatt 238 »Montafon« und 1:25 000, Blatt 1156 »Schesaplana«

Im kleinsten Alpenland steht auch der kleinste Seven Summit. Und mit Sicherheit einer der interessantesten. Denn wie Alexander Römer, der »Erfinder« der Seven Summits der Alpen, schon feststellte, der Vorder Grauspitz muss ohne Wege, Schilder und sonstige Hinweise bestiegen werden. Man ist auf seine Erfahrung und das Gespür für den richtigen Weg angewiesen. Und so muss das auch früher gewesen sein, als Bergsteiger noch meist echte Jäger oder Sammler waren.

Die Schweizer Variante Es gibt keinen wirklich leichten Anstieg auf diesen Gipfel; auch einen klassischen Normalweg gibt es nicht. Jedoch zwei Anstiege, die vergleichbar schwierig sind und ab dem Hinter Grauspitz die gleiche Routenführung verfolgen. Der eine führt von Norden aus dem Naaftal auf das Ijesfürggli und von dort zum Hinter und dann Vorder Grauspitz, der andere – hier beschriebene – auf der Schweizer Seite von der Alpe Ijes über den Südostgrat des Hinter Grauspitz. Ein guter Grund, die Route von Süden und somit von der Schweizer Seite zu wählen, ist, dass sie nach Regen- und Schneefällen schneller wieder begehbar wird. Zudem kommt man in den Genuss der Älplibahn, deren Nutzung bei einem Besuch dieser Region ein Muss ist. 20 Minuten braucht man von Liechtenstein bis Malans bei Landquart, wo die Älplibahn zu finden ist.

Betagte Bahn und nasse Wiesen Die kurze Auffahrt der aus dem II. Weltkrieg stammenden Bahn bringt einen in 14 Minuten aufs Älpli (1800 m). Von hier geht es auf markiertem Alpweg nach Norden in Richtung Fläscher Alp. Schon bald zweigt ein Pfad rechts ab in Richtung Obersäss. Schnell merkt man, dass man hier in einem Feuchtwiesengebiet unterwegs ist und die Matten nicht umsonst Namen wie »Ortasee« oder »Sieben Brünnen« tragen. Die feuchtesten Stellen sind mit Stegen präpariert, sodass man sich kaum nasse Füße holt. Als wären die wassergetränkten Wiesen Teil des Programms, folgt man diesen auf einer Höhe von 1960 Metern in einem Linksbogen um den Ruchenberg in Richtung Ober Tritt. Schon jetzt ist der Blick in alle Richtungen beeindruckend: Während im Westen Calanda, Ringelspitz und Pizol im Morgenlicht leuchten, erscheinen im Osten schon die Gipfel des Rätikon mit Schesaplana, Kirchlispitzen und Drusentürmen. Ist man am Ober Tritt angelangt, erhebt sich im Norden die Barriere aus Falknisturm, Falknis und Vorder Grauspitz, deren Grat sich bis zum Naafkopf zieht. Man hat sein Ziel also schon fest im Auge.

Alpenidyll Etwas holprig zieht sich der Weg über einen Viehsteig hinab zur Alpe Bad. Schon nach wenigen Metern quert man links (Richtung NO) auf einer Höhe von 1920 Metern oberhalb der Fläscher Alp, bis man auf den idyllisch gelegenen Unterst See trifft. Direkt unterhalb der steilen und wilden Wände gelegen, die von Falknis und Vorder Grauspitz herabziehen, bildet er einen lieblichen Kontrast. Still und mit Blumen umgeben liegt er dort, und die Berge spiegeln sich fast unwirklich auf seiner Oberfläche. Entlang des Bächleins, welches dem See entspringt, geht es nun auf einem kleinen Steig leicht

Idyllisch und malerisch: die Ausläufer von Falknis und Vorder Grauspitz spiegeln sich im Unterst See.

Älplibahn

Ein wirkliches Highlight dieser Tour ist eine Fahrt mit der Älplibahn. Erst vor Kurzem wurde von 4er-Kabinen auf 4er-Doppelkabinen aufgestockt, sodass jetzt pro Fahrt in 14 Minuten acht Passagiere befördert werden können. Die Bahn entstand im II. Weltkrieg, um die grenznahen Stellungen schnell erreichen zu können. Als sie abgebrochen werden sollte, gründete sich ein Verein – hauptsächlich bestehend aus Pensionisten – der das verhinderte und die Bahn nun betreibt. 600 Mitglieder, davon 300 Aktive, halten das Kleinod am Leben – ehrenamtlich! Aufgrund der beschränkten Beförderungskapazitäten ist es ratsam, seine Fahrt am Vortag zu reservieren.

Einen lieblichen Kontrast zu den schroffen Wänden von Falknis und Grauspitz bietet der Unterstsee, gesäumt von grünen Matten und einer prächtigen Blumenvielfalt.

bergab, bis man wieder auf die Straße trifft, die von der Fläscher Alp in Richtung Alpe Ijes führt.

Tunnel und dann nix Unglaublich, aber wahr – für den Zugang zur Alpe Ijes wurde ein Tunnel durch den Sunnenspitz gesprengt. Er ist zwar kurz, aber eine Stirnlampe bewahrt vor unangenehmen Stolperern. Noch 200 Meter, dann steht man auf der Alpe Ijes, einem mächtigen Talkessel, umrahmt von Sunnenspitz, Hinter Grauspitz, Naafkopf, dem Barthümeljoch und den sie verbindenden Graten.

Gab es verkehrstechnisch gerade noch den von Menschenhand geschaffenen Tunnel, so führt jetzt in Richtung Grauspitz – einfach nichts. Aber der anfangs sanfte, dann steile Grasrücken, der hinter der Alpe zu den Punkten 2148 Meter und 2304 Meter führt, vermittelt den Weg zum Südostgrat des Hinter Grauspitz. Man hält sich immer am Gratrücken, folgt dem einen oder andern Schafsteig, sucht sich einfach den besten Weg.

Auf dem Grat angekommen, muss eine kurze, ausgesetzte Felspassage überwunden werden, bevor es dann steil bis unter den Hinter Grauspitz geht. Di

meisten Bergsteiger steigen nun zu diesem auf und belassen es dabei. Ist ja auch schon eine erlebnisreiche Wanderung bis hierher.

Angekommen – nach dem luftigen Grat zwischen Hinter und Vorder Grauspitz reicht der Blick über Bernina und Wallis bis zum Bodensee.

Alpines Absturzgelände – einsamer Gipfel! Wer den Vorder Grauspitz ins Visier nimmt, wird nun alpin gefordert. Über 30 Grad steil ist die Querung des Schafälpli. Felsdurchsetztes Gras macht diese nicht wirklich angenehm. Höchste Konzentration ist angebracht, ein Fehltritt hat mit Sicherheit unangenehme Folgen. Im Sattel zwischen den beiden Grauspitzen angelangt (Punkt 2502 m) ist der schwierigste Teil geschafft! Nun wartet noch leichtes, aber ausgesetztes Block- und Plattengelände mit Kletterpassagen im Schwierigkeitsgrad I, bevor der Vorgipfel und dann der Hauptgipfel erreicht sind. Der Rundblick ist sensationell und reicht durch fast die gesamte Prominenz der Schweizer Alpen. Das Gipfelbuch ist über 20 Jahre alt und lange noch nicht voll – was nicht wirklich verwundert. Wer möchte, kann nun direkt zurück und über den Verbindungsgrat auf den Hinter Grauspitz klettern (Schwierigkeitsgrad III, brüchig). Oder man quert wieder das Schafälpli, um auf den Abstiegsweg zu gelangen. *–sh–*

4.2 Schönberg (2104 m)

Familienfreundlich mit Aussicht

leicht   4 Std.   600 Hm

Tourencharakter
Leichte Wanderung ohne nennenswerte Schwierigkeiten, familienfreundlich

Ausgangspunkt/Endpunkt
Malbun (1599 m)

Anfahrt
Von Vaduz über Triesenberg Richtung Steg und von dort nach Malbun

Gipfel
Schönberg (2104 m)

Gehzeiten
Malbun – Schönberg 2–2½ Std.
Schönberg – Malbun 1½ Std.

Beste Jahreszeit
Mai bis Oktober

Karten
Schweizer Landeskarte 1:50 000, Blatt 238 »Montafon« und 1:25 000, Blatt 1136 »Drei Schwestern«

Malbun ist ein guter Ausgangsort für einige schöne Wanderungen in Liechtenstein, die allesamt mit einem hervorragenden Rundblick glänzen. So auch der Schönberg, eine Halbtageswanderung, die so richtig geeignet ist, sich gemütlich auf größere Touren vorzubereiten oder sich aktiv von einer solchen zu erholen. Langweilig ist auch diese Wanderung nicht – und zudem familiengeeignet.

Kindergeschichten Ein großer Wanderparkplatz am Ortseingang von Malbun – kostenfrei übrigens – ist der Ausgangspunkt für diese Wanderung. Gleich beim Parkplatz führt ein geteerter Weg vorbei am Gasthaus Vögeli zur Kapelle, die sich pittoresk vor die Wände des Gamsgrates schmiegt. Von dort startet der Wanderweg und folgt der Ausschilderung »Sass Schönberg«. Breit und sogar kinderwagengeeignet geht es in gemütlicher Steigung durch den Wald »Bleika«. Die Malbuner geben sich wirklich Mühe, familienfreundliche Wanderungen auf die Beine zu stellen, und so finden sich überall am Weg geschnitzte Figuren, Wassermühlen am Bach und vieles mehr, was Kinder anspricht. Zudem begleitet »Malbi« den ersten Teil des Weges – ein Murmeltier, das auf mehreren Tafeln die Geschichte von Lisa und Max auf Bergwanderung erzählt – Kurzweile für die Kids ist garantiert.

Liebliche Alpwiesen Ohne größere Steigungen schlängelt sich der Weg am Westhang des Ochsenkopfes entlang. Langsam verschwinden Malbun und der Augstenberg aus dem Blickfeld, und im Westen erscheint der markante Stachlerkopf mit dem »Kelchele« genannten Felsturm. Auf 1725 Metern Höhe trifft der Wanderweg auf die Fahrstraße zur Alpe Guschg. Staubig und steil muss man dieser Gott sei Dank nur 300 Meter folgen und biegt dann auf eine grüne Alpwiese nach links, welche in Richtung Stachlerkopf führt. Der Weg ist nun zwar nicht mehr kinderwagengeeignet, aber ohne große Anstrengung erreicht man den Punkt 185 kurz vor dem »Kelchele« Der normale Weg zieht nur an diesem vorbei bis zu de

Aussicht satt – der Schönberg spielt alle Vorteile seiner vorgelagerten Position über den Liechtensteiner Tälern aus, hier nach Nordosten Richtung Arlberg und Lechquellengebirge.

Auch nach Westen mit Blick über das Rheintal ist die Aussicht einfach atemberaubend weit.

Drei Kapuzinern und von dort über den leichten Nordwestgrat zum Gipfel. Seltener begangen, da zum Teil weglos, aber mindestens genau so schön ist es, jetzt nach rechts in den Rossboden abzubiegen und über die Alpwiesen auf den flachen Nordostgrat zu steigen. Von dort kann man dann problemlos mit tollem Blick ins Valorschtal zum Gipfel aufsteigen.

Durch seine vorgelagerte Position ist der Schönberg ein hervorragender Aussichtsgipfel. Der Säntis zeigt sich von seiner besten Seite und der Bodensee seine schiere Größe. Lechquellengebirge und Arlberg scheinen zum Greifen nahe, ebenso das Rätikon. Im Westen geben Churfirsten, Glarner Alpen, Pizol, Ringelspitz und Calanda sich die Ehre – und damit ist noch lange nicht alles aufgezählt: Eine ausgiebige Brotzeit mit Gipfelbestimmung lohnt sich also.

So wird's rund Der Abstieg zu den Drei Kapuzinern und weiter entlang des Stachelkopfs macht die Runde perfekt. Etwas ausgesetzter, aber gut ausgebaut ist der Pfad, und ab dem »Kelchele« geht es dann auf bekanntem Weg zurück nach Malbun: Klein aber fein – der Schönberg macht seinem Namen alle Ehre. 	*–sh–*

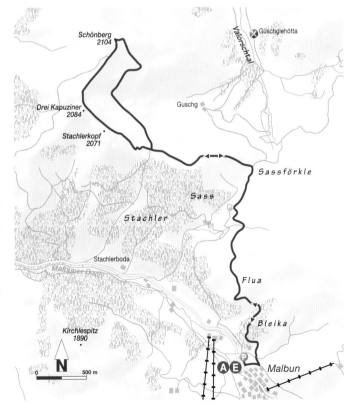

4.3 Rappastein (2223 m)

Weitab vom Trubel

| leicht | 4–5 Std. | 900 Hm |

Tourencharakter
Relativ leichte Wanderung (T2), die im Gipfelbereich etwas Trittsicherheit erfordert; eine Stelle ist mit Drahtseilen gesichert. Ist das Gras nass oder schneebedeckt, kann es da sogar schnell unangenehm oder gar gefährlich werden.

Ausgangspunkt/Endpunkt
Steg, Berghaus Sücka (1402 m)

Anfahrt
Von Vaduz nach Steg, nach dem Tunnel am Wanderparkplatz rechts hoch zum Berghaus, dort Parkplatz

Gipfel
Rappastein (2223 m)

Gehzeiten
Sücka – Rappastein 2½–3 Std., Rappastein – Kolme – Sücka 2–2½ Std.

Beste Jahreszeit
Mai bis Oktober

Karten
Schweizer Landeskarte 1:50 000, Blatt 238 »Montafon« und 1:25 000, Blatt 1136 »Drei Schwestern« sowie Blatt 1156 »Schesaplana«

Der Rappastein bringt die Seven-Summit-Aspiranten ihrem Ziel schon sehr nahe und gewährt, wolkenfreien Himmel vorausgesetzt, gute Blicke auf den Vorder Grauspitz und seine Trabanten. Zudem liegt der Gipfel hoch über dem Rheintal; dementsprechend eindrucksvoll sind die Blicke über dieses hinweg in Richtung Churfirsten und Säntis – trotz ihrer Schönheit eine eher einsame Tour.

Sanfter Start Am besten beginnt man beim Berghaus Sücka in Steg. Von dort führt ein breiter Alpweg nach Süden. So richtig zum Warmlaufen geht es anfangs nur leicht bergauf. Trotzdem gewinnt man gegenüber dem unten liegenden »Grund« mit dem Valünerbach schnell an Höhe und einen guten Blick über das Tal zu Stachlerkopf und Kirchlespitz. Erreicht man das Alpelti, hat man kaum merklich bereits 200 Höhenmeter hinter sich, und im Süden zeigen sich Naafkopf und die Grauspitzen; auf der gegenüberliegenden Talseite des Valünertales brechen die Wände von Kirchelespitz und Nospitz steil ins Tal ab.

Steiles Gras Der Fahrweg endet und wird zu einem Pfad, der unterhalb der Schwarzwand den Schwarztobel kreuzt. In kleinen Kaskaden fließt das Wasser ins Tal, um sich unten mit dem Valünerbach zu vereinigen. Kurz darauf trifft der Pfad auf die Fahrstraße aus dem Valünertal zur Alpe Gapfahl. In

Liechtenstein mag klein sein, bietet aber auf über 400 Kilometern ein hervorragend ausgebautes Netz an Wanderwegen.

Mystisch im Spiel der Wolken: Der Blick vom Rappastein über den Plasteikopf zu Falknisgrat und den Grauspitzen.

Serpentinen geht es durch Wald und Alpwiesen. Langsam wachsen Rappastein und Plasteikopf über die Bäume, beide für diese Höhe und Gegend typische felsdurchsetzte Steilgrasberge.

Die Hochalpe Gapfahl (1865 m) bietet einen wunderbaren Rundblick über den Talkessel von Valüna und Naaftal. Direkt hinter Bettlerjoch und Pfälzer Hütte erscheint mächtig der Panüeler Kopf im Rätikon (2859 m). Über steiles Gras führen nun die letzten 200 Höhenmeter in den Sattel (2071 m) zwischen Goldlochspitz und Rappastein, und mit einem Mal liegt dem Wanderer das gesamte Rheintal zu Füßen.

Drahtiges Finale Nun kommen einige Felspassagen, die mit Drahtseilen gesichert sind und die letzte Barriere vor dem Gipfelaufschwung darstellen. Etwas Konzentration ist hier noch einmal nötig. Hat man die Felsstufen überwunden, führen steile Grasmatten zum Gipfelkreuz; bei Nässe oder Schnee ist hier allerdings größte Vorsicht angesagt, denn ein Rutscher auf dem steilen Gras könnte fatale Folgen haben.

Der Rundblick ist kolossal, und die Grauspitzen mit dem Grat von Falknis bis Naafkopf sind zum Greifen nahe, vermitteln mit ihren fast senkrechten Wänden aber auch einen äußerst abweisenden Eindruck.

Luftiger Rückweg Für den Rückweg den Grat bis zum Kolme zu wählen ist eine gute Entscheidung. Denn nun wandert man insbesondere zu Beginn luftig über den nach Norden führenden Gratrücken über den Goldlochspitz (2210 m) in Richtung Kolme. Kurz vor diesem weicht der Weg nach links in die Westhänge ab und umgeht so die Felsen des Kolme, um dann wieder auf dessen Grat und den Sattel bei Punkt 1884 zu treffen. Hier nun rechts über steile, meist feuchte Wiesen hinab zum Alpelti und zurück zum Sücka.   –sh–

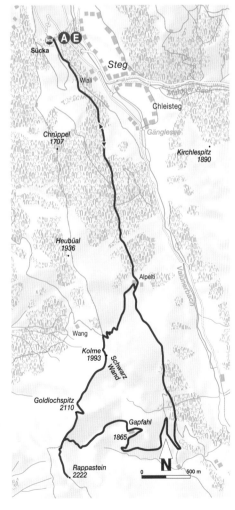

4.4 Augstenberg (2359 m) – Naafkopf (2570 m)

Die Königsrunde

leicht 8–10 Std. 1200 Hm

Tourencharakter
Leichte, aber lange Wanderung (T2), äußerst abwechslungsreich, am Naafkopf Trittsicherheit erforderlich

Ausgangspunkt/Endpunkt
Malbun (1599 m)

Anfahrt
wie bei Schönberg (Tour 4.3)

Gipfel
Augstenberg (2359 m), Naafkopf (2570 m)

Gehzeiten
Malbun – Augstenberg 3–3,5 Std., Augstenberg – Naafkopf 2 Std., Naafkopf – Pfälzer Hütte 1 Std., Pfälzer Hütte – Malbun 2 Std.

Hütte
Pfälzer Hütte (2108 m),
Tel. 00 42/32/63 36 79
http://www.alpenverein.li/index.php
/hutten/pfalzerhutte

Beste Jahreszeit
Mai bis Oktober

Karten
Schweizer Landeskarte 1:50 000, Blatt 238 »Montafon« und 1:25 000, Blatt 1156 »Schesaplana«

Diese Runde ist mit Recht eine der beliebtesten Wanderungen in den Liechtensteiner Bergen. Bietet sie doch einen gut ausgebauten Wanderweg mit viel Abwechslung und exzellente Aussichten in alle Richtungen. Und der Gipfel bietet sogar die Möglichkeit – mit etwas Beweglichkeit – gleichzeitig in drei der sieben Seven-Summit-Länder zu stehen.

Skigebiet und Malbi-Rider Auch für diese Tour befindet sich der Start an der Kapelle nahe dem Parkplatz Malbun. Diesmal führt der Weg nach Südosten in Richtung Alpe Turna. Diese liegt weit hinten im Talkessel von Malbun unterhalb des Sareiserjochs und des Chalbergrad. Der gut ausgebaute Weg wird allerdings nicht nur von Wanderern genutzt, auch Aktivitäten auf Rädern finden hier ihre Fans. Allen voran die Malbi-Rider! Eine Art off-road-tauglicher Go-Cart, mit dem von der Gipfelstation der Sareisbahn die 3,5 Kilometer ins Tal nach Malbun gescheppert wird: Da heißt es in Deckung oder zumindest zur Seite zu gehen. Dem Spektakel kann man aber ganz gut ausweichen, wenn man bei Punkt 1704 dem Panoramaweg rechts zur Alpe Turna folgt.

Der Himmel von Vorarlberg Egal, welchen Weg man wählt – kurz vor der Alpe Turna wendet man sich links und steigt über Alpwiesen und Latschen-

Gratwanderung über dem Himmel – was paradox klingt, ist in Liechtenstein möglich, wenn man von der Sesselbahn Sareis zum Augstenberg wandert.

hänge in Richtung Gipfelstation. Der Weg ist zwar nicht immer eindeutig, trotzdem kann man ihn kaum verfehlen. Auch wenn man hier in einem Skigebiet unterwegs ist, so halten sich sichtbare Schäden in Grenzen, und der Ausblick wird mit jedem Meter, den man höhersteigt, besser.

»Über dem Himmel« könnte man diesen Teil der Wanderung bezeichnen, denn der Grat liegt weit oberhalb des »Nenzinger Himmels« in Vorarlberg.

Oben auf dem Grat bei Punkt 1956 angekommen, öffnet sich der Blick in den Himmel – den Nenzinger Himmel. Man muss dazu allerdings nach unten blicken, nicht nach oben, denn der Nenzinger Himmel ist der letzte Ort des Gamperdonatals in Vorarlberg und direkt am Fuße des Panüeler Kopfes gelegen. Je ein steiler Weg führt vom Sareiserjoch und vom Bettlerjoch bei der Pfälzer Hütte hinunter und verbindet somit die Liechtensteiner mit den Vorarlberger Wandergebieten.

Der Wächter des Malbuntals Nun wird die Tour zur abwechslungsreichen Gratwanderung. Oberhalb der Lawinenverbauungen, die die Alpe Turna schützen, geht es zum Sareiserjoch und Chalbergrad. Dabei gewinnt man stetig an Höhe. Der Weg ist bestens ausgebaut und führt vorbei am »Spitz« (2186 m) in Richtung Augstenberg. An der Schulter des Augstenbergs, genannt »Löffel«, angekommen, geht es

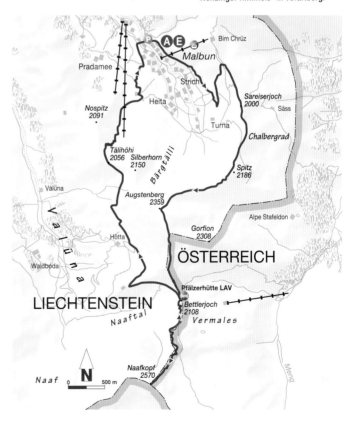

Die Kraxelalternative: der Nordgrat am Naafkopf ist nicht schwierig, aber eine reizvolle Anstiegsvariante zum Gipfel.

über unschwieriges Blockwerk auf den Gipfel des das ganze Malbuner Tal dominierenden 2359 Meter hohen Berges. Da dieser mithilfe der Sareisbahn leicht zu erreichen ist, ist man hier selten allein. Aber Platz, um in Ruhe die Aussicht zu genießen, gibt es trotzdem. Besonders der Blick zum heutigen Ziel, dem Naafkopf, und zum Seven Summit Vorder Grauspitz ist hier beeindruckend. Den Aufstieg zum Ijesfürggli, von welchem man den Hinter Grauspitz erreicht, ist bestens zu sehen und kann von hier studiert werden.

Ein Punkt – drei Länder Abwechslungsreich gestaltet sich der Abstieg vom Augstenberg zum Bettlerjoch. Durch Blockwerk führt der Weg teils steil bergab. Dabei sticht die eigentümliche Form des Gorfion ins Auge, der etwas abseits des Weges liegt. Wie ein kleiner Tafelberg baut er sich vor dem Panüeler Kopf auf. Ein Felsband umschließt ihn als Kragen und verhindert einen einfachen Zustieg. Wer aber leichte alpine Kraxelei liebt, der wird an dem kleinen Gipfelabstecher seine helle Freude haben.

Nach einigen weiteren Metern sind Bettlerjoch und Pfälzer Hütte erreicht. Die sonnige Terrasse lockt zur ausgiebigen Einkehr, doch zunächst steht der Naafkopf auf dem Programm. Immer noch dem Gratverlauf folgend steigt der Weg hinter der Hütte bald steil an. Der Weg ist auch hier gut ausgebaut. Je nach Schneelage oder Lust und Laune kann bei der Gipfelpassage der nor-

Aussichtsreicher Wächter des Malbuntals: Der Augstenberg bietet ein grandioses 360-Grad-Panorama; hier in Richtung Säntis – Bodensee.

male Weg auf der Ostseite genutzt oder mit leichter Kraxelei direkt über den Nordgrat zum Gipfel gegangen werden. Der Dreiländergipfel bietet eine hervorragende Aussicht in alle Richtungen und lässt sich bestens mit einer fortführenden Wanderung in Richtung Schesaplana und Rätikon verbinden und somit zu einer mehrtägigen Rundtour ausbauen.

Kulinarischer Genuss zum Schluss Nach so viel Bergerlebnis ist eine Einkehr auf der Pfälzer Hütte, die man nach knapp einer Stunde wieder erreicht hat, ein absolutes Muss. Ein Panache und die berühmten Rösti mit Ei, welche direkt in der Pfanne serviert werden, füllen die leeren Energiespeicher wieder auf. Wohl dem, der angesichts der Portionen auf dem Augstenberg und Naafkopf nicht zu ausführlich Brotzeit gemacht hat! Von der Aussicht auf der Terrasse wollen wir gar nicht mehr reden …

Gut, dass es nach der Einkehr nur noch bergab geht – und dies relativ sanft und einfach. Man folgt dem Fahrweg in Richtung Norden bis kurz vor die »Hötta« und zweigt auf 1930 Metern Höhe rechts einem Pfad folgend ab zur Tälihöhi, der letzte Anstieg, den die Rösti von der Pfälzer Hütte noch hochgeschleppt werden müssen. Dann geht es über die Hänge des Skigebietes direkt hinunter nach Malbun – Ende einer großartigen und aussichtsreichen Tagesrunde in Liechtenstein. –sh–

4.5

Fürstensteig – Drei Schwestern (2052 m)

Felsenkamm hoch überm Rhein

| mittel | leicht | 5 Std. | 800 Hm |

Tourencharakter

Schöne Höhenwanderung mit zunehmend felsigen Passagen (T3), mit öffentlichen Verkehrsmitteln zu Ausgangs- und Endpunkt ein tagesfüllendes Programm

Ausrüstung

Absolut trittsichere Wanderer werden sich auch ohne Klettersteigset wohlfühlen, unsichere auch mit nicht.

Ausgangspunkt

Gaflei (1483 m), oberhalb von Triesenberg, Busverbindung von Vaduz

Endpunkt

Planken (770 m), Busverbindung über Schaan nach Vaduz oder Sammeltaxi (Mo–Sa, Tel. 00 41/4 23/3 70 15 50)

Gipfel

Gafleispitz (2000 m), Kuegrat (2123 m), Garsellikopf (2105 m), Drei Schwestern (2052 m)

Gehzeiten

Gaflei – Fürstensteig – Gafleisattel (1848 m) 1 Std. – Kuegrat 1¼–1½ Std. – Drei Schwestern ¾–1 Std. – Gafadurahütte ¾ Std. – Planken 1¼ Std.

Hütte

Gafadurahütte (1428 m), Tel. 00 41/42/37 87 14 28, gafadurahuette.li

Karte

Wanderkarte Fürstentum Liechtenstein 1:25 000, herausgegeben vom Amt für Wald, Natur und Landschaft

Wer stolz ist auf sein Fürstentum, der widmet dem Regenten einen Weg. Der traditionelle Steig mit der Fortsetzung zu den Felstürmen der Drei Schwestern wäre selbst eines höherrangigen Adligen würdig – und auch trittkundige Wanderer können sich hier, zwischen Bodensee und Rätikonzacken, für einen Tag wie Könige des Himmels fühlen.

Wir bieten mehr als Geld und Zinsen Der alte Volksbank-Werbespruch passt auch zum 35 000-Seelen-Fürstentum im Herzen der Alpen. Vom Ufer des Rheins bis auf über 2500 Meter reckt sich der Kleinstaat, und seine Hänge und Kämme bieten Wanderern reichlich Stoff für einen mit Kultur angereicherten Urlaub oder einen alpinen Kurztrip – mit bestem Ökogewissen dank schweiztypischer Versorgung mit Bus und Bahn. Gute Busanbindung ist auch der Schlüssel zur Tourenlogistik beim absoluten Wanderklassiker: Die Ausgangs- und Endorte Gaflei und Planken liegen schließlich rund 20 Kilometer auseinander; doch Busse verbinden sie regelmäßig mit der Hauptstadt Vaduz.

So spart man 1000 Höhenmeter Noch oberhalb des Walserdorfs Triesenberg geht es los, dessen am Hang ausgebreitete Häuser bei Nacht über dem Rheintal leuchten wie Beverly Hills. Von der Bushaltestelle Gaflei führt der Weg ein Stück durch duftenden Wald, dann steht man unvermittelt in der Felswand. 1500 Meter fallen die plattigen Fels- und Waldhänge der Alpspitze hin-

Wer frühmorgens unterwegs ist, genießt die Dunstperspektive der Rätikonberge – und vorher vom Fürstensteig den Ausblick über die Rheinebene zum Säntis (rechte Seite)

unter ins Rheintal – brüchig, haltlos, »stotzig«, wie der Schweizer sagt. In den Wintermonaten ist der Weg wegen Steinschlaggefahr und schwierigen Unterhalts gesperrt. Und doch ist er für einigermaßen schwindelfreie Wanderer ohne größere Probleme und mit viel Vergnügen zu begehen. Der Hochzeit des Landesfürsten ist es zu danken: 1898 wurde der Weg eröffnet, der teilweise aus den Wänden herausgepickelt, teilweise durch Stützmauern an die Hänge gebastelt wurde. »Wo sonst nur die Gemse sprang / Und des Menschen Fuss sich scheute. / Da führt ein kühner Steg jetzt heute – Die schwielige Hand den Fels bezwang«, so reimte Rudolf Schädler, der als einer der ersten Gäste die frische Weganlage begehen durfte, in ein Gästebuch.

Fast zu schnell ist es vorbei Wenn kein Gegenverkehr bremst, braucht man keine Stunde für die Steiganlage – der Vorteil eines morgendlichen Aufbruchs. Nachmittags, wenn die Sonne die Westflanke wärmt, kann man ein

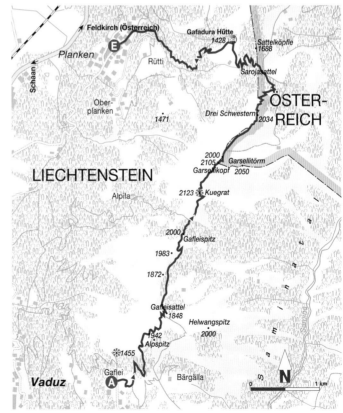

Auf der Sonnenterrasse der Gafadurahütte klingt die Wanderung aus;
gute Küche und großartige Aussicht
wetteifern um Aufmerksamkeit.

Die Liechten-
steiner und ihre
Fürsten

Staatliche Souveränität neben der
politisch neutralen Schweiz
machte das Bauernland Liechtenstein zu einem prosperierenden
Finanzstandort. Aber auch die re-
gionale Wirtschaft ist höchst erfolgreich. Viel davon hat das einst
»arme Land Europas« dem Fürs-
tenpaar Gina und Franz-Josef II.
zu verdanken, die nach dem
II. Weltkrieg den Aufschwung mit
ankurbelten. Und trotzdem fuhr
Fürstin Gina im Zug in den gleichen Abteils wie ihre Untertanen
– im kleinen Alpenstaat kennt
man sich und ist »per Du«, auch
unterhalb 1500 Metern …

paar mehr Leuten begegnen … Doch der Fürstensteig ist nur der erste Teil des
Tagespensums. Mit dem Durchschreiten des Drehkreuzes am Gafleisattel
weitet sich der Blick. War schon die breit gestreckte Kulisse von Säntis und
Alpstein über dem schattengrünen Rheintal eine Schau, konnte man am süd-
westlichen Horizont die Schneekuppen der Glarner 3000er erahnen, so öffnet
sich nun die Perspektive auf die Berge von Arlberg und Rätikon. Ein un-
überschaubares Zacken-Wirrwarr verblaut im Morgendunst, und über Almwiesen mit vereinzelten Nadelbäumen ziehen sich Latschenhänge zum
Gafleispitz, dem nächsten Gipfel.

Immer den Kamm entlang So heißt die Devise! Bestens gepflegt sind die
Wege; auch im Finanzstandort Liechtenstein wird das ehrenamtlich erledigt,
mit viel Begeisterung von den Mitgliedern des Liechtensteiner Alpenvereins.
Und abermals ändert sich das Szenario mit Erreichen des nächsten Gipfels:
Statt grüner Latschenflächen streichen nun nackte Schutthänge hinunter ins
Saminatal, darüber recken sich die Felszähne des Garsellikopfs und seiner
Türme. Frei sind die Hänge, durch die der Weg hinüberzieht zum Kuegrat,
dem Höhepunkt des Tages. Zu den Glarner Bergkämmen hat sich nun ein
eleganter Firnkopf gesellt, der Tödi. Und aus den scherenschnittartigen
blauen Kulissen des Rätikons sticht ein markanter Zahn heraus – die Zimba.

Felsig wird es nun Schuttige Serpentinen führen vom Kuegrat ein Stück abwärts, dann geht es noch ein bisschen steiler, hier und da mit Drahtseilen ver-

sichert oder auf betonierten Stufen im Krümelfels, auf den Garsellikopf – wo nun endlich die letzten Zinnen des Weges in Sicht kommen, die Drei Schwestern. Die Große Schwester, das höchste Familienmitglied, lässt sich auf dem Wanderweg erobern, der nur unwesentlich schwieriger als bisher wird; von einem Klettersteig zu reden wäre nahezu übertrieben. Die beiden kleineren Schwestern – Vollandturm und Jahnturm – dagegen fordern echte Kletterei und womöglich Abseilen – das passt nicht ins Konzept dieser Genusstour. Sanfter Kitzel, nicht »den Tod im Nacken«, das ist hier angesagt – man möchte die Konzentration für den Genuss der stets wechselnden Aussicht nutzen. Die Drei Schwestern sind der letzte Ausläufer der Liechtensteiner Berge ins Rheintal über Feldkirch, am Horizont erahnt man den Spiegel des Bodensees, dem der Rhein gemächlich entgegenströmt.

Und es lässt sich noch steigern Beim Abstieg von der Großen Schwester führt eine Zehn-Meter-Leiter über eine Wandstelle hinunter, quetscht sich der Weg durch einen Spalt zwischen den benachbarten Türmen hindurch, lädt ein Felsenfenster, durch das der Weg hindurchführt, zum Fotografieren. Dann ist es vorbei: Steil zwar und wurzelig-rutschig, aber unschwierig geht es an der Grenze zwischen dem Fürstentum Liechtenstein und der Republik Österreich hinunter zur Gafadurahütte. Das Hirschgulasch mit Knöpfle und Rotkraut ist eine Rast wert – und die allerletzten Meter über die Forststraße zur Bushaltestelle in Planken schafft man mit diesem Treibstoff dann auch noch irgendwie. *–ad–*

5. Schweiz: Dufourspitze (4634 m)

Berg oder Gebirge? Nordend, Dufourspitze, Zumsteinspitze, Parrotspitze und Liskamm leuchten im letzten Abendlicht.

5. Dufourspitze (4634 m)

Schweiz

Als Königin der Berge Europas wird das Monte-Rosa-Massiv gern von seinen Liebhabern bezeichnet. Wenn man Wanderungen im italienischen Piemont oder im Schweizer Wallis unternimmt, wird man in Anbetracht der atemberaubenden Ausblicke auf dieses Gebirge die Einschätzung mit Sicherheit teilen. Bergsteigerisch ist der Gebirgsstock sowohl im Sommer wie im Winter eine Region, die eine gewaltige Menge an Tourenmöglichkeiten

Immer präsent: Der populäre Nachbar des Monte-Rosa-Massivs und Wahrzeichen Zermatts, das Matterhorn.

bietet. Der Monte Rosa dominiert das ganze westliche Oberitalien und hat daher auch seinen Namen. Dieser beruht jedoch nicht auf der Färbung der Gletscher im Morgen- und Abendlicht, sondern stammt von dem Wort »roueseq«, was in der franko-provenzalischen Sprache des Aostatals Gletscher bedeutet.

In den Walliser Alpen gelegen, ist das Monte-Rosa-Massiv die natürliche Grenze zwischen Italien und der Schweiz. Aufgrund der enormen Ausdehnung ist es zudem das größte Gebirgsmassiv der Alpen. Eindrucksvoll ziehen die Gletscher auf beiden Seiten in die Täler. Das Massiv ist komplett vergletschert, und nur wenige Felsgipfel und -wände ragen aus dem ewigen Eis. »Monte Rosa« selbst ist kein eigentlicher Berg, sondern besteht aus insgesamt zwölf Gipfeln, alle über 4000 Meter hoch, die darauf warten, bestiegen zu werden. Der höchste Gipfel, die Dufourspitze, ist mit 4634 Metern die höchste Erhebung in der Schweiz und die zweithöchste in den Alpen. Die Bergsteiger finden am Monte Rosa auf Routen in allen Schwierigkeitsgraden ein breites Betätigungsfeld. Eine der beeindruckendsten Unternehmungen ist sicher die Ostwand des Massivs, als längste und eine der berühmtesten Eiswände der Alpen zieht sie 1600 Höhenmeter mit Steileis bis 55 Grad von der Marinellihütte zum Gipfel. Sie besitzt schon fast Himalaya-Dimensionen und ist ein Muss für ambitionierte Alpinisten. Erstbegangen wurde sie im Jahr 1872 von drei Engländern mit heimischen Führern, dabei erreichten sie den höchsten Punkt, die Dufourspitze. Auch mit Ski wurde die Ostwand schon befahren.

Die Besteigungsgeschichte des Monte-Rosa-Massivs begann 1801 mit der Besteigung der Punta Giordani (4064 m), gefolgt 1819 von der Vincent-Pyramide (4215 m) und der Zumsteinspitze (4563 m) im Jahr 1820; die Erstbesteigung der Dufourspitze gelang am 1. August 1855 wiederum drei Engländern.

Die »Großen Hörner« des Mattertals warten auf gute Hochtouristen: Obergabelhorn, Zinalrothorn und Weißhorn vom Breithornplateau.

Die Monte-Rosa-Hütte – wegweisendes Projekt im modernen Bauen Futuristisch sieht sie aus, die neue Monte-Rosa-Hütte, die im Jahr 2010 eingeweiht wurde. Mit eigenwilliger Form und spiegelnden Baumaterialien fügt sie sich aber perfekt in die weite Gletscherlandschaft ein und bietet 120 Gästen komfortabel Platz. Der Bau war ein Projekt, welches gemeinsam mit der ETH Zü-

Höher geht's nicht – zumindest was einen regulären Schlafplatz in den Alpen anbelangt. Die Cabanna Margherita (4554 m) auf der Punta Gnifetti liegt in direkter Nachbarschaft zur Dufourspitze.

rich realisiert wurde. Zweckmäßigkeit und Ökologie standen ebenso im Vordergrund wie ein außergewöhnliches Design. Ein Entwurf in Form eines Bergkristalls wurde am Ende ausgewählt und führte zu der heutigen Form. Auch wenn die Hütte bis unters Dach voll ist, schafft es das sympathische Hüttenteam, keine Hektik aufkommen zu lassen und die Gäste bestens zu betreuen – das Gefühl zu vermitteln, der Gast sei ein König zu Besuch bei der Königin der Berge, scheint hier Programm. Auf Schweizer Seite ist die Monte-Rosa-Hütte der Ausgangspunkt für zahlreiche Touren und von der Bergstation der Gornergratbahn gut zu erreichen.

Saastal und Mattertal – Täler im Wandel der Zeit Auf Schweizer Seite ist das Monte-Rosa-Massiv und die davon nach Norden führende Mischabelkette von zwei Tälern eingerahmt, dem Saastal im Osten und dem Mattertal im Westen. Beide sind perfekte Ausgangspunkte für Wanderer und Bergsteiger, und die Orte Zermatt, Saas Fee und Saas Almagell bieten eine gute, wenn auch nicht immer günstige Infrastruktur an Übernachtungsmöglickeiten, Transport und Bergbahnen.

Beide Orte und ihre Täler waren bis ins 19. Jahrhundert arme Bergregionen, die Bewohner lebten allein von Landwirtschaft und Jagd. Saas Fee war bis 1951 nur zu Fuß oder mit Mulis erreichbar. Als Edward Whymper im Jahr 1865 die Erstbesteigung des Matterhorns gelang, fiel der Startschuss für die touristische Entwicklung. Heute ist der Tourismus die Haupteinnahmequelle der gesamten Region, aus den armen Bergdörfern wurden international bekannte Touristenziele.

In den Orten dominiert eine Mischung aus traditionellen, alten und sehenswerten Häusern und modernen Bauten, die sich mehr oder weniger gut in die alte Struktur einfügen. Ecken und Gassen, in denen es vieles zu entdecken gibt, existieren jedoch genügend. Beide Orte sind autofrei: Saas Fee hat das mit einem großen Parkhaus am Ortseingang realisiert, Zermatt mit einem

Die Umrundung des Monte-Rosa-Massivs

Die Umrundung des Monte-Rosa-Massivs gehört mit Sicherheit zu den ganz großen Wanderungen in den Alpen. Mit Start und Ziel in Saas Fee lässt sich die Königin der Alpen in sieben Etappen umwandern. Die Wanderschwierigkeiten reichen bis T4, die Eindrücke und Aussichten sind mit Sicherheit unvergesslich. Eine bessere Möglichkeit, alle Seiten einer Königin kennenzulernen, dürfte es kaum geben.

Moderner geht's kaum – die Monte-Rosa-Hütte vereint Moderne Baukunst, Ökologie und Zweckmäßigkeit, und ist in ihrer Form einem Bergkristall nachempfunden.

Informationen

Talorte
Zermatt (1616 m),
Saas Fee (1803 m),
Saas Almagell (1670 m)

Anfahrt
Mit dem Pkw über Bern und Martigny nach Visp und dann ins Matter- oder Saastal. Mit öffentlichen Verkehrsmitteln mit der Bahn nach Visp und von dort weiter in die beiden Täler, die, wie in der Schweiz üblich, hervorragend angebunden sind.

Beste Zeit
Für die Hochtouren von Juni bis Oktober; Wanderungen können auch davor und danach unternommen werden.

Tourismus-Information
Zermatt Tourismus, Tel. 00 41/27/9 66 81 00, www.zermatt.ch, info@zermatt.ch
Saas-Fee/Saastal Tourismus, Tel. 00 41/27/9 58 18 58, www.saas-fee.ch, info@saas-fee.ch

Fahrverbot ab Täsch. Von dort erreicht man den Ort mit dem Taxi oder mit dem Zug. Zahnrad- und Bergbahnen erleichtern den Zugang ins Hochgebirge. Modernster Vertreter ist die »höchste U-Bahn der Welt«, die Metro Alpin in Saas Fee. Sie führt nach Allalin, ins mit 3500 Metern höchstgelegene Skigebiet um Saas Fee. Eine Besteigung des Allalinhorns ist von dort (fast) nur noch ein Spaziergang.

Dufour – auf der Krone der Königin Europas Majestätisch erhebt sich die Dufourspitze mit ihren 4634 Metern zwischen den anderen Gipfeln des Monte-Rosa-Massivs. Lange war der Gipfel in Italien als »Höchste Spitze« und in der Schweiz als »Gornerhorn« bekannt. Erst im 19. Jahrhundert wurde aufgrund neuerer topografischer Erkenntnisse klar, dass es sich dabei um den selben Berg handelt. Seinen heutigen Namen erhielt er nach dem Schweizer Kartografen General Guillaume-Henri Dufour, der 1863 das erste exakte Kartenwerk der Schweiz veröffentlichte, die »Dufourkarte«; die Tradition erstklassiger Karten haben die Schweizer ja bis in die Gegenwart aufrecht erhalten.

Der heutige Normalweg wurde im Jahr 1872 gefunden und ist vor allem landschaftlich eine grandiose Unternehmung. Der Ausblick auf die umliegenden 4000er ist atemberaubend, und wenn das Matterhorn beim Aufstieg vom ersten Sonnenlicht »entzündet« wird, muss man innehalten, um diesen magischen Moment aufzusaugen.

Auch von der italienischen Seite führen Routen auf den höchsten Punkt der Schweiz. Die gigantische Ostwand wurde bereits erwähnt; der übliche Aufstieg erfolgt jedoch von der Capanna Margherita, der höchstgelegenen Schutzhütte der Alpen. Auch die Überschreitung der Dufourspitze zwischen der Monte-Rosa-Hütte und der Capanna Margherita wird sehr häufig begangen.

Aus A. Römers Tagebuch

»Bei der Besteigung der Dufourspitze – des technisch schwierigsten Berges der Seven Summits – müssen Aspiranten nicht nur um 3.30 Uhr aufstehen, sondern auch eine besonders anspruchsvolle Route meistern. 1800 Höhenmeter inklusive Abstieg umfasst die Tour an einem Tag. Der Aufstieg durch das Steinlabyrinth und über den extrem verspalteten Gletscher im Dunkeln hatte es schon in sich. Und auch der Weg über den Westsattel auf 50 Grad steilem Firngrat und durch anspruchsvolles Felsgelände erfordern viel Erfahrung. Unsere Belohnung am Gipfel: Ein 360°-Blick auf die höchsten Berge der Schweiz!«

5.1

Dufourspitze (4634 m)

Die Königin der Alpen

mittel   mittel   3+10 Std.   400+1700 Hm

Tourencharakter
Anspruchsvolle Hochtour (ZS, Firn
bis 40 Grad), die konditionell fordernd ist. Der ausgesetzten Kletterei am Grat (II–III), die auch noch
oft durch starke Winde erschwert
wird, sollte man souverän gewachsen sein.

Ausrüstung
Komplette Hochtourenausrüstung,
Köpflschlingen, zwei mittlere
Friends können hilfreich sein.

Ausgangspunkt/Endpunkt
Zermatt (1705 m)

Gipfel
Dufourspitze (4634 m)

Gehzeiten
Rotenboden – Monte-Rosa-Hütte
3 Std., Monte-Rosa-Hütte –
Dufourspitze 5–7 Std., Dufourspitze – Monte-Rosa-Hütte
3–4 Std., Monte-Rosa-Hütte –
Rotenboden 3 Std.

Hütte
Monte-Rosa-Hütte (2882 m),
Tel. 00 41/27/9 67 2115,
monterosa.sac@rhone.ch,
www.section-monte-rosa.ch

Beste Jahreszeit
Juni bis September

Karten
Landeskarten der Schweiz
1:25 000, Blatt 1348 »Zermatt«
und 1:50 000, Blatt 284 »Matterhorn–Mischabel«

Führer
R. Goedeke »4000er – die Normal-
wege«, Bruckmann Verlag
München

Zweithöchster Berg der Alpen, höchste Erhebung der Schweiz, die größte
Eiswand und gleichzeitig Königin der Alpen. Die Dufourspitze vereinigt
gleich einige Superlative in sich. Zudem ist die Dufourspitze der anspruchsvollste der Seven Summits und nicht zu unterschätzen. Der Königin muss
man sich nähern, sie kennenlernen und am Ende erobern – ein Erlebnis
erster Klasse.

Annäherung Die Gornergratbahn – in guter Schweizer Tradition eine Zahnradbahn – bringt die Dufourspitze-Aspiranten ihrem Ziel näher. Steigt man
in Zermatt aus dem Zug, muss man nur einmal die Straße überqueren, um zu
der schon 1897 in Betrieb genommenen Bahn zu gelangen. 1215 Höhenmeter,
7,9 Kilometer und 28 Minuten später steht man an der Station Rotenboden
und genießt zum ersten Mal den Blick über das gesamte Monte-Rosa-Massiv.
Zur Monte-Rosa-Hütte geht es erst einmal 350 Meter bergab und anschließend wieder 400 Meter hinauf. Entlang der Südhänge des Gornergrates führt
der Weg und quert oberhalb des mächtigen Gornergletschers nach Osten, bis
ein paar Leitern über Gletscherschliffe auf den Gletscher hinabführen. Der
auch hier dramatische Gletscherschwund der letzten Jahrzehnte machte es
notwendig, neue Leitern und Brücken zu montieren. Früher – so wird erzählt – habe man einfach horizontal von der Hütte über den Gletscher zum
Rotenboden marschieren können.

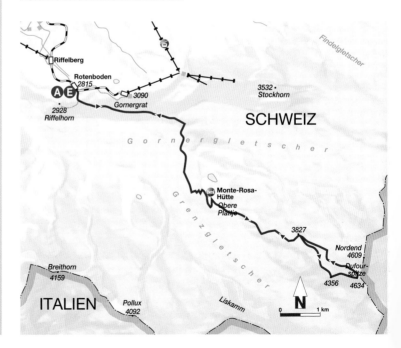

Nun aber steigt man ab, quert den Gornergletscher und Gletscherschutt zum Grenzgletscher. Auf diesem geht es zu dem markanten Felsrücken, der die beiden Gletscher trennt und weit oben vom Monte-Rosa-Gletscher begrenzt wird. Er wird Untere und Obere Plattje genannt. Dort, auf einer Höhe von 2883 Metern, steht die neue Monte-Rosa-Hütte. Mit ihrer leuchtenden, einem Kristall nachempfundenen Form wartet sie weithin sichtbar auf Gäste. Der untere Teil des Aufstiegs ist steil und zum Teil mit Holzbalken und Seilen versichert, dann führt ein bequemerer Wanderweg die letzten Meter bis zur Hütte. Ein herzlicher Empfang durch das Hüttenteam, eine sonnige Terrasse und eine sensationelle Aussicht auf Monte Rosa und das Matterhorn machen den Aufenthalt von der ersten Minute an zur reinen Freude. Spektakulär wird es spätestens, wenn die Sonne hinter dem Matterhorn versinkt, die Königin ihr Abendkleid anlegt und die Aufstiegsroute auf die Dufourspitze bei einem Glas Rotwein studiert werden kann.

Kennenlernen Einen zusätzlichen Tag im Gebiet der Monte-Rosa-Hütte zu verbringen, hat gleich mehrere Vorteile. Zum einen kommt man in den Genuss der Gastfreundschaft und guten Küche, zum anderen bietet sich die Gelegenheit zur Akklimatisation und Erkundung des ersten Wegstückes, welches am nächsten Tag im Dunkeln bewältigt werden muss.
Den zahlreichen Steinmännchen folgend, steigt man über Platten, leichtes Blockgelände und am Ende über eine kleine Steilstufe über die Obere Plattje zum Monte-Rosa-Gletscher und zur Anseilstelle. Der Normalweg führt über

Gleich locken Rösti und ein gutes Glas Wein: Die letzten Meter zur Monte-Rosa-Hütte führen über Granitplatten. Im Hintergrund der Gornergrat und in der Wolke das Matterhorn.

Magic Moment mit Prominenz –
die ersten Sonnenstrahlen treffen
auf Matterhorn, Dent d'Hérens
und Grand Combin.

den Gletscher weiter bergauf und leicht links durch eine Spaltenzone zum Punkt 3827. Hier trennen sich die Wege zur Dufourspitze und zum Nordend. Den Weiterweg zur Dufour kann man gut einsehen, und für die Akklimatisation sollte es mehr als reichen – eine gute Stelle also zum Umdrehen. Zudem empfiehlt es sich, die Spaltenzone vor 13 Uhr passiert zu haben und die weiteren Stunden auf der Hütte zu genießen. Sei es nun bei Rösti mit Spiegelei oder mit kleinen Klettereinlagen an dem eingerichteten Kletterblock etwa 100 Meter oberhalb der Hütte.

Das Gipfelkreuz der Dufourspitze –
die schwarzen gefiederten Kameraden
haben es leichter, hier oben
anzukommen.

Erobern Um zwei Uhr Frühstück, um halb drei Start – so sieht der Zeitplan am Gipfeltag aus. Im Licht der Stirnlampen geht es auf dem am Tag zuvor erkundeten Weg bergwärts. Bei Punkt 3827 steigt man nun über die »Scholle« zur Satteltole und

über diese steil hinauf in den Sattel im Westgrat bei Punkt 4356. Langsam dämmert das Tageslicht, und die Berge lösen sich aus dem einheitlichen Grau, bekommen Farbe und Struktur – ein magischer Moment, aber meist auch ein kalter … Denn aufgrund der westseitigen Exposition des Aufstiegs bekommt man hier lange keine Sonne. Erst wenn man die letzte steile Firnflanke hinter sich gebracht hat und auf dem aus Blöcken, Zacken und kleinen Wandstufen aufgebauten Gipfelgrat angelangt ist, erreichen einen die ersten Sonnenstrahlen; in ausgesetzter Kletterei mit Schwierigkeiten bis II geht es schließlich zum Gipfel der Königin der Alpen. Ein erhebender Moment, denn weit und breit gibt es keinen höheren Punkt, und alle Trabanten scheinen sich vor der Königin zu verneigen.

Abschied Der Abstieg vom Gipfel führt noch einige Meter über den Grat, installierte Fixseile erleichtern dort den Weg in den Silbersattel. An den Befestigungspunkten kann auch gut gesichert werden. Vom Silbersattel, der zwischen Nordend und Dufourspitze steht, zieht der Weg unterhalb einiger Seracs entlang zurück zum Punkt 3827 und von dort auf bekanntem Weg zur Monte-Rosa-Hütte.

Wer noch eine Nacht bleibt, für den geht nun ein langer Tag zu Ende. Wer noch am gleichen Tag ins Tal will, sollte gut drei Stunden zurück bis zur Station Rotenboden einkalkulieren. Die Bahn fährt im Sommer bis 20.00 Uhr – somit ist dies nach einer Rösti-Stärkung für die müden Muskeln noch gut machbar.   *–sh–*

Luftig auf den letzten Metern – der Grat zum Gipfel erfordert noch einmal volle Konzentration bei gleichzeitig sensationellem Weitblick.

5.2 Höhbalmen (2700 m)

Zu Besuch beim Matterhorn

| mittel | 6–7 Std. | 1200 Hm |

Tourencharakter
Auf guten Bergwanderwegen (T3)
führt diese Rundwanderung hinein
ins Zmutttal. Sie erfordert Kondition, kann aber mit Zwischenstopp
im Berggasthaus Trift auf zwei Tage
aufgeteilt werden.

Ausrüstung
Normale Wanderausrüstung

Ausgangs-/Endpunkt
Zermatt (1616 m) im Mattertal

Anfahrt/Rückreise
Vom Bahnhof Visp mit der Matter-
horn-Gotthard-Bahn nach Zermatt.
Mit dem Auto von Visp nach Täsch
und weiter mit der Matterhorn-
Gotthard-Bahn nach Zermatt. In
Täsch gibt es ein großes Parkhaus;
Zermatt ist autofrei.

Gehzeiten
Zermatt – Alterhaupt 1 Std., Alterhaupt – Arben 2½ Std., Arben –
Zmutt 2 Std., Zmutt – Zermatt
1 Std.

Einkehr/Unterkunft
Restaurant Jägerstube, Zmutt,
Tel. 00 41/27/9 67 12 41;
Pension Edelweiss, Alterhaupt,
www.edelweiss-zermatt.ch;
Berggasthaus Trift, Tel. 00 41/79/
4 08 70 20,
www.zermatt.net/trift

Beste Jahreszeit
Juli bis Oktober

Karten
Swisstopo-Karte 1:25 000, Blatt
1348 »Zermatt«, Blatt 1347 »Matterhorn«; Swisstopo-Wanderkarte
1:50 000, Blatt 283 T »Arolla«,
284 T »Mischabel«

Auch die höchsten Gipfel der
Mischabel präsentieren sich auf
dieser Wanderung: rechts das
Täschhorn, links der Dom, der mit
4545 Metern Höhe höchste Gipfel
ganz auf Schweizer Boden.

Lichte Lärchenwälder, alte Weiler, nette Gaststuben und der ständige Blick auf die Diva der Alpen, das Matterhorn – diese Rundwanderung über die kargen Hänge von Höhbalmen bietet alles in einem. Von der Höhenlage her eignet sich diese Route auch bestens als Akklimatisationstour für die Dufourspitze.

Steter Blick auf die Diva der Alpen Der bekannteste Aussichtspunkt aufs Matterhorn ist der Gornergrat oberhalb von Zermatt. Oder das Klein Matterhorn, das sich seit einigen Jahren Matterhorn Glacier Paradise nennt. Dass sich auf der anderen Seite des Dorfs ein Blick auf das Matterhorn bietet, den man nie mehr vergessen wird, wissen nur wenige. Vielleicht, weil man diesen nicht per Bahn erreicht, sondern zu Fuß hochsteigt, was ingesamt ein gewisses Maß an Kondition erfordert. Doch jeder Schritt lohnt sich. Führt der Weg anfangs durch Lärchenwald und karge Berghänge, taucht die bekannteste Bergspitze der Welt auf einmal hinter einer Geländekuppe auf. Und nach drei, vier Schritten über Geröll und Steine zeigt sie sich den Wanderern in voller Pracht: die Primadonna der Alpen, die Diva, die alles überstrahlt mit ihrem Glanz – das Matterhorn.

Selbst wer nach diesem Aufstieg noch nicht müde ist, wird hier für einen Moment rasten. Setzt sich hin und schaut diesen Berg an. Wuchtig steht er über dem Zmuttgletscher. Mit einer eisigen Nordwand, einer glatten Ostflanke und dem Hörnligrat dazwischen. Jene Gratkante, die der Engländer Edward Whymper 1865 erstmals erfolgreich erkletterte und über die heute Tausende von Bergsteigern zum Gipfelkreuz ihres Traumbergs steigen.

Ein Weiler aus alten Zeiten Wobei das »Horu« – so nennen die Zermatter ihren Berg – längst nicht alles ist, was diese Rundwanderung bietet. So lädt unterwegs das »Edelweiss« zu einer Rast ein – ein einfaches Berghotel und ein Ort, an dem schon Sommerfrischler der Belle Époque den Blick auf Zermatt genossen. Und ebenfalls zu entdecken gibt es den alten Weiler Zmutt. Eine alte Siedlung, wo der Geruch sonnengeschwärzten Holzes in der Luft

Bei klarer Sicht bietet sich ein eindrücklicher Blick auf die eisige Nordwand des Matterhorns, links der Hörnligrat, über den die Normalroute zum Gipfel führt.

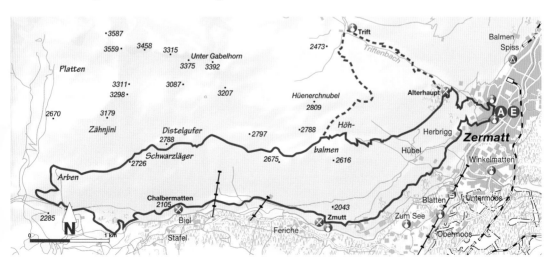

hängt und sich etwa 20 alte Häuser und Ställe im typischen Walliser Baustil
mit Dächern aus Schieferplatten an ein weißes Kirchlein schmiegen, das der
heiligen Katharina von Alexandria geweiht ist, der Schutzpatronin des Wallis. Zmutt ist ein Ort geblieben, der uns ahnen lässt, wie die Menschen am
Fuß des Matterhorns lebten, als Zermatt noch ein Bauerndorf war.
Eher an moderne Zeiten erinnert dagegen die Staumauer des Zmutt-Stausees, wenig hinter dem Weiler. Im Jahr 1964 wurde der über 70 Meter hohe
Bau errichtet und über einen Stollen – wer die Geografie des Wallis kennt,
mag sich wundern, wie das geht – mit dem Staudammsystem der 25 Kilometer weit entfernten Grande Dixence im Val d'Hérémence verbunden.

Wollknäuel am Wegrand Und noch eine kleine Attraktion gibt es auf dieser
Wanderung zu sehen: die Herden von Walliser Schwarznasenschafen, die
rund um Zmutt grasen. Wie Plüschtiere stehen die weißen Wollknäuel mit
schwarzen Nasen, Füßen und Knöcheln in den Weiden am Dorfrand und blicken neugierig, sobald Wanderer vorbeiziehen. Als robustes und gebirgstaugliches Schaf wurden diese Tiere schon länger im Oberwallis gezüchtet.
Als eigene Rasse fanden sie indes erst 1962 Anerkennung und 1964 Eingang
in den Schweizer Schafzuchtverband. Längere Zeit drohte das Schwarznasenschaf beinah zu verschwinden. Besonders zwischen 1930 und 1960, als
aus marktwirtschaftlichen Gründen die vermehrte Ansiedlung des Weißen
Bergschafs propagiert wurde, da Schwarznasenschafe bei der Fleischproduktion weniger effizient sind als andere Rassen. Nachdem in den letzten
Jahrzehnten die Schafhaltung im Wallis vermehrt als Nebenerwerb oder Freizeitbeschäftigung betrieben wird, vermochte das Schwarznasenschaf wieder

Fuß zu fassen und erlebt in den letzten Jahren eine Renaissance – zur Freude für manchen Besucher und Fotografen.

Zermatt – Höhbalmen – Zmutt Vom Kirchplatz in Zermatt geht man ein wenig zurück Richtung Bahnhof, um bald links in den ausgeschilderten Wanderweg zu biegen, der via Bodmen steil bergan nach Alterhaupt führt. Von hier geht es sanfter ansteigend zu Punkt 2228 und im Zickzack hoch auf die kargen Weiden von Höhbalmen. Nun wird der Pfad zum Höhenweg, der zwischen 2700 und 2750 Metern Höhe westwärts ins Zmuttal hineinführt, linker Hand stets die umwerfende Aussicht auf das Matterhorn mit dessen eisiger Nordwand. Nach gut zwei Stunden erreicht die Route die Grasflanke von Arben, durch die der Weg nun in einem weiten Zickzack hinab in den Talboden leitet.

Wer es gern gemütlicher mag und diese Wanderung doch nicht missen möchte, dehnt sie auf zwei Tage aus und übernachtet im Berggasthaus Trift auf 2337 Metern Höhe. Dazu geht man vom Alterhaupt weiter nordwestwärts bis Trift und erreicht am nächsten Tag über einen Verbindungsweg den Höhenweg von Höhbalmen.

Von Zmutt nach Zermatt Nach dem Abstieg über Arben wendet der Weg sich nach Osten und führt zurück Richtung Zermatt. Der Zmuttbach wird dabei nicht überquert, der Pfad bleibt am nördlichen Hang des Talbodens, um via Chalbermatten und Bodmen zum Weiler Zmutt zu gelangen. Ein Dörfchen wie im Bilderbuch, in dem sich ein kurzer Halt lohnt, um das Kirchlein zu besichtigen und durch die schmalen Gassen zu schlendern. Ab Zmutt gibt es mehrere Varianten: Entweder man steigt auf dem Wanderweg über die Hänge von In der Grueben ab nach Herbrugg und weiter nach Zermatt, oder man folgt dem etwas breiteren Weg direkter hinab zu Punkt 1646 und erreicht das Dorf quasi am Ufer der Matter Vispa. Wer lieber bergauf anstatt bergab wandert, steigt von Zmutt hinab zu Punkt 1916, überquert den Zmuttbach und steigt über Feriche durch den Wald auf nach Furi, um von dort mit der Gondelbahn hinab nach Zermatt zu schweben.   *–fin–*

Immer ein Bild wert: Die wolligen Walliser Schwarznasenschafe erleben unter Schafhaltern im Bergkanton seit einigen Jahren eine Renaissance.

5.3

Monte-Moro-Pass (2853 m)

Dem Monte Rosa die Ehre erweisen

mittel	5 Std.	650 Hm

Tourencharakter
Gemütliche Wanderung, erst fla-cher, dann auf alten Saumpfaden steiler ansteigend; das letzte Teil-stück ist mit Ketten versichert (T3).

Ausrüstung
Normale Wanderausrüstung; der Pass liegt im Gebiet der Wetter-scheide zwischen Nord und Süd, was wechselhaftes Wetter bedeuten kann.

Ausgangs-/Endpunkt
Mattmark (2197 m) im Saastal

Anfahrt/Rückreise
Vom Bahnhof Visp mit dem Post-auto nach Saas Grund, wo ein Postauto-Anschluss nach Mattmark besteht; mit dem Auto bis nach Mattmark.

Gehzeiten
Mattmark – Distelalp 1 Std., Dis-telalp – Monte-Moro-Pass 2 Std., Monte-Moro-Pass – Mattmark 2 Std.

Einkehr/Unterkunft
Restaurant Mattmark, www.restaurant-mattmark.ch; Rifugio Gaspare Oberto-Paolo Ma-roli auf der italienischen Seite der Passhöhe, www.montemoropass.it; viele Gasthäuser und Hotels im Saastal, www.saastal.ch

Beste Jahreszeit
Juli bis Oktober

Karten
Swisstopo-Karte 1:25 000, Blatt 1329 »Saas«, Blatt 1349 »Monte Moro«; Swisstopo-Wanderkarte 1:50 000, Blatt 284 T »Mischa-bel«

Über Jahrhunderte hinweg hatte der Monte-Moro-Pass nur einen Zweck: Walser, Säumer und Bauern vom Schweizer Saastal ins italienische Valle Anzasca zu führen. Heute besuchen Wanderer den Pass meist mit einem anderen Ziel – der Aussicht auf den Monte Rosa, das höchste Grenzmassiv der Walliser Alpen.

Der Erdwall von Mattmark Der Beginn der Wanderung ist mehr vom Stausee Mattmark als vom Pass selbst geprägt. Wenngleich die Staumauer kaum auf-fällt, da es sich dabei um einen Erdwall handelt, den höchsten seiner Art in der Schweiz. Was heute kaum noch vorstellbar ist: Früher floss der Allalingletscher den rechten Hang hinab und füllte mit seinen Eis-massen das Tal, wo nun der leuchtend blaue See liegt. Mehrere Hundert Meter oberhalb von Mattmark endet heute die weiße Zunge des Gletschers. Ein Glück für die Talbewoh-ner. Denn immer wieder verwüstete dieser Gletscher das Saastal. Hinter der na-türlichen Talsperre seiner Zunge staute sich Wasser und bildete einen See, der mehrmals ausbrach und als Schlammlawine die Dörfer im Tal zerstörte und die Äcker verschlammte. Insge-samt 26 Mal überflutete eine solche Lawine das Saastal, zuletzt im Jahr 1922.

Das Unglück von Matt-mark Knapp vier Jahr-zehnte nach der letzten Überflutung wurde der Bau der Staumauer be-schlossen, der Gletscher

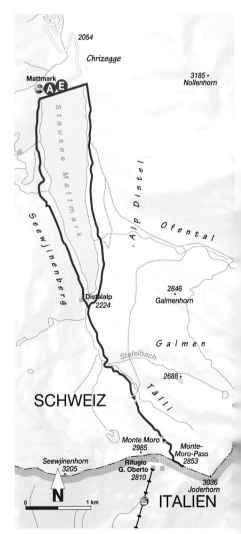

hatte sich bereits weit zurückgezogen. So füllte die Saaser Vispa nicht mehr bloß einen Bergsee, sondern den Stausee Mattmark. Während der Arbeiten am Erdwall, zwischen 1960 und 1965, meldete sich der Allalingletscher indes mit einem letzten zerstörerischen Werk zurück – ein Unglück, von dem keiner der 700 Arbeiter, die in drei Schichten Tag und Nacht arbeiteten, nur ahnen konnte. Es war der 30. August, als sich um 16.30 Uhr immense Eismassen weit oben von der Zunge des Gletschers lösten und auf die Baustelle des Staudamms donnerten. Innerhalb von Sekunden waren Kantinen, Werkstätte und Baubaracken zerstört, insgesamt 88 Arbeiter verloren ihr Leben. Damit erlangte der Stausee Mattmark traurige Bekanntheit: Kein anderer Stausee der Schweiz forderte beim Bau so viele Opfer. Bis heute erinnert ein Gedenkstein an dieses Unglück, das sich kaum mehr vor Augen führen kann, wer heute dem Uferweg des Stausees entlangwandert.

Der alte Monte-Moro-Pass International hatte der Monte-Moro-Pass nie so große Bedeutung wie seine Nachbarn, der Simplon oder der Grosse Sankt Bernhard, lokal bildete er aber während vieler Jahrhunderte eine wichtige Verbindung zwischen dem italienischen Valle Anzasca und dem schweizerischen Saastal. Als sanfte Senke liegt der Übergang in der Horizontlinie hinter dem Saastal, wie gemacht, um aus dem Wallis Richtung Süden zu gehen oder umgekehrt. Für den lokalen Handel transportierten Säumer Reis, Zucker, Kaffee oder Wein über den Pass, allen voran nutzten die Walser aus dem Saastal den Pass jedoch, um während der großen Walserwanderung im 13. und 14. Jahrhundert nach Süden zu ziehen und die italienischen Alpentäler südlich und östlich des Monte Rosa zu besiedeln. Eine Völkerwanderung, deren Spuren Wanderer bis heute sehen können: Auf manchen Wegweisern

Wo einst die eisige Zunge des Allalingletschers den Talboden ausfüllte, schimmert heute der Stausee Mattmark in fast unwirklichen Grüntönen.

Von der Nordseite her gesehen ein sanfter Riese, zeigt das 4190 Meter hohe Strahlhorn von Osten her durchaus Zähne.

wird das italienische Dorf Macugnaga im Valle Anzasca immer noch mit seinem alten Walsernamen z'Makanaa bezeichnet.

Wie in vielen Walsergebieten haben die Walser im Valle Anzasca über Jahrhunderte ihren höchst-alemannischen Dialekt, das Walserdeutsch, bewahrt. In der »Alemannischen Wikipedia« steht dazu: »Ane 1881 sin di ganze Wyyler vù z Makanaa user Zèr Bùrfùkù ùn Ìn der Mattù no walsertitschschbroochig gsii. Im Lauf vùm 20. Jh. isch dr Aadail al mee zrùggange ùn hid sin s nùme noo weenig Yywoner, wù Makanaatitsch chene schwäze. Jùngi Walsertitschsprecher gid s gar kaini me.« Auf Hochdeutsch: Im Jahr 1881 wurde in sämtlichen Weilern Macugnagas außer Zer Burfuku und In der Mattu noch Walserdeutsch gesprochen. Im Lauf des 20. Jahrhunderts verringerte sich der Anteil der Walsersprachigen, und heute sind nur noch wenige Einwohner fähig, das traditionelle Makanadeutsch zu sprechen; junge Walsersprachige gibt es keine mehr.

Von Mattmark auf den Monte-Moro-Pass Zu Beginn der Wanderung folgt man vom Restaurant Mattmark, direkt bei der Krone des Stausees Mattmark, dem breiten Weg am westlichen Seeufer entlang Richtung Süden. Hie und da geht es durch eine Felsgalerie, ansonsten blickt man auf den See, der an schönen Tagen in tiefem Blau leuchtet und schimmert. Auf dieser ersten Hälfte der Wanderung bis zur Distelalp gibt es keine Höhenmeter zu bewältigen. Erst nachdem man die Brücke am südlichen Ende des Sees überquert hat und über die Alpweiden des Inner Boden zur kleinen Hochebene des Tälli gelangt, geht es allmählich steiler bergan. Nach der Wegverzweigung im Tälli wird deutlich sichtbar, dass es sich um einen alten Saumpfad handelt. Über schöne Steinstiegen, die sich in die natürlichen Felsformationen der Nordostflanke des Monte Moro einfügen, gelangt man zur Passhöhe. Von hier geht es kurz über einen mit Metallstiften und Fixseilen gut versicherten Pfad zur goldenen Madonnenstatue, die still über dem Pass wacht.

Nach Italien oder zurück in die Schweiz Der Monte-Moro-Pass bildet die Landesgrenze zwischen der Schweiz und Italien. Wenige Meter südlich der Passhöhe steht das Rifugio Gaspare Oberto-Paolo Maroli. Von hier aus fährt die Gondelbahn hinab ins italienische Dorf Macugnaga im Valle Anzasca. Allerdings sind ihre Betriebszeiten etwas erratisch. Selbst wenn bei der Distalalp ein Schild hängt, die Bahn sei in Betrieb, muss dies nicht zwingend der Fall sein. Natürlich lässt es sich auch bahnfrei nach Macugnaga absteigen. Ein Abstieg, der die Knie beansprucht, aber mit dem Ausblick auf das Monte-Rosa-Massiv belohnt. Für alle, die zurück ins Saastal wandern, stellt sich die Frage nach der Bahn nicht. Sie steigen auf demselben Weg, der sie auf den Pass führte, wieder hinab zur Distalalp. Zur Abwechslung kann bei der Distalalp nun der Weg am östlichen Ufer des Stausees Mattmark gewählt werden. Dieser ist etwas länger, da man am Schluss der Wanderung noch die gesamte Krone der Staumauer überquert. *–fin–*

Auf alten Steinwegen: Im oberen Teil des Aufstieges leiten alte Saumpfade Richtung Monte-Moro-Pass.

5.4

Breithorn (4164 m) – Pollux (4092 m)

Auf der Gletscherpromenade

leicht–mittel   7–8 Std.   400/950 Hm

Tourencharakter
Das Breithorn ist einer der leichtes-
ten 4000er der Alpen (L, 30–35°
Firn/Eis), der Pollux (WS) verlangt
leichte Kletterei am Südostgrat (II)
oder Südwestgrat (III, ZS–); bei
Nebel kann die Orientierung am
Breithornplateau heikel werden.

Ausrüstung
Fürs Breithorn Gletscherausrüs-
tung, am Pollux evtl. Helm, Schlingen, Keile

Ausgangspunkt
Zermatt (1616 m) ist autofrei, per
Bahn erreichbar von Täsch im Mat-
tertal (30 km von Visp im Rhone-
tal); von dort mit Seilbahnen zum
Klein Matterhorn (3820 m)

Gipfel
Breithorn (4164 m), evtl. Mittelgipfel (4159 m), evtl. Pollux
(4092 m)

Gehzeiten
Station Klein Matterhorn – Breithorn 1½–2 Std., zurück 1 Std.;
über Mittelgipfel zum Zwillingsjoch
(3845 m) 2 Std. – Pollux SO-Grat
1 Std. – Abstieg SW-Grat und zum
Klein Matterhorn 2½ Std.

Hütte
Gandegghütte (3029 m),
Tel. 00 41/(0)79/6 07 88 68,
gandegghuette.ch
evtl. Lodge Matterhorn Glacier Paradise (3820 m), Tel. 00 41/(0)27/
966 01 01,
matterhornparadise@zermatt.ch
evtl. Bivacco Rossi e Volante (ca.
3750 m), unter der Roccia Nera,
für Notfälle

Karte
Schweizer Landeskarte 1:25000,
Blatt 2515 »Zermatt – Gornergrat«

Das Breithorn gilt als leichtester 4000er der Alpen. Wem dies zu wenig Spannung verspricht, der kann noch den Pollux dranhängen, den kleineren der zwei »Zwillinge«. Ein grandioser Tag in der Hochregion und großartige Nah- und Fernblicke sind im Herzen des Wallis so oder so garantiert.

Leicht ist immer relativ Kein Bergführer wird bestreiten, dass es keinen zweiten 4000er in den Alpen gibt, der ähnlich schnell und technisch einfach zu erreichen wäre. Aber das gilt nur für ordentliche Verhältnisse und ebensolches Wetter. Bei gutem Schnee kann man im Juni oft mit Ski vom Gipfel abfahren; wenn der Hang im Spätsommer zu Blankeis mutiert, muss man stabil auf den Steigeisen stehen. Denn 30 bis 35 Grad Neigung reichen zu Absturzgeschwindigkeiten fast wie im freien Fall, und trotz gemütlichen Auslaufs auf dem Breithornplateau ist solch eine Rutschpartie nicht sonderlich verlockend. Dieses Plateau kann sich in eine Todesfalle verwandeln, wenn unsicheres Wetter ins Negative kippt: Anfang der 1990er-Jahre starben hier mehrere Seilschaftsmitglieder einer Bergsteigergruppe aus den neuen Bundesländern, als Nebel und Schneesturm, der ungehindert von Süden heranbrausen kann, die weite Gletscherfläche in eine weiße Hölle verwandelten. Temperaturen von

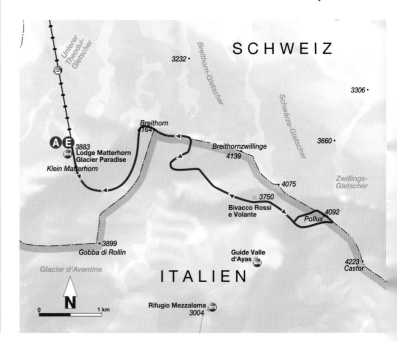

minus 20 Grad kann es hier auch im Sommer geben, der Windchill verstärkt die Auskühlung, auf den unstrukturierten Schneeflächen ist Orientierung selbst für erfahrene Hochalpinisten kaum mehr möglich. Das Breithorn – bei schlechten Verhältnissen ein Monster.

Vom Klein Matterhorn, dem Felszahn rechts im Bild, ist es nicht weit aufs Breithorn, einen der leichtesten 4000er der Alpen.

Bei Schönwetter ein Traum Schon bei der Anfahrt durchs Mattertal steht der breite Riegel aus Fels und Eis dominant über dem Talschluss; wenn man in Zermatt zur Seilbahn marschiert, stiehlt ihm natürlich das benachbarte Matterhorn die Schau. Relaxed und aus dem neuen Audio-Infosystem bestens aufgeklärt über alle Attraktionen des Walliser Touristenzentrums, schwebt man in vier Etappen hinauf bis knapp unter die 4000er-Marke – höher hinauf führt keine Gondel in den Alpen. Und obwohl es nur noch 350 Höhenmeter sind zum Gipfel, kann das Breithorn aus dieser Perspektive beeindrucken: Eine steile Felswand, oben und unten von Seracs abgeriegelt; erst auf den zweiten Blick offenbart sich der breite Schnee- oder Eishang, der von rechts her zur elegant geschwungenen Gipfelkuppe hinaufstreicht.

Schnell ist man dort Ein paar Meter auf dem flachen Firnrücken hinuntergeschlendert aufs Breithornplateau, dann fast eben hinüber an den Fuß des Gipfelhangs; bei aufgeweichtem Sommerschnee kann selbst das schon mühsam werden, denn die Akklimatisationsphase fällt dank der Bahnfahrt natürlich komplett weg. Entsprechend gemütlich sollte man den Aufstieg angehen, sich Zeit lassen für jeden Schritt, nicht nur dann, wenn die Spur plank ist. Auf den Körper hören, Einklang mit dem Rhythmus des Atems finden – das ist der Schlüssel zu Erfolg und Gesundheit beim 4000er-Bergsteigen. Das Breithorn ist ein geduldiger Lehrmeister, ideal für die ersten Erfahrungen in der Höhe, für Seven-Summit-Sammler der perfekte Einstieg in diese weite weiße Welt.

Klein Matterhorn – das ist der Gipfel!

Seit Weihnachten 1979 ist das Breithorn »nur« noch ein Halbtagesberg: Am 23. Dezember wurde das Skigebiet am Plateau Rosa erweitert um die Gondel zum höchsten per Seilbahn erreichbaren Gipfel der Alpen – 2885 Meter lang hängt die 100-Personen-Kabine frei über dem Theodulgletscher. Das Klein Matterhorn (3883 m) ist heute bestens ausgebaut mit Gletscher-Palast, Gravity-Park für Snowboarder und Freeskier, Restaurant im »Minergie P«-Passivhaus-Standard und der »Lodge Matterhorn Glacier Paradise«, einer spartanischen Bergsteiger-Unterkunft knapp unter dem Gipfel; zwei weitere Bahnen sind geplant.

4000er-Gelände bietet das Breithorn, da mag es noch so belächelt werden – und großen Blick auf Matterhorn (rechts) und Dent d'Hérens.

Geschaut wird oben Man kann, wird vielleicht sogar auch unterwegs stehen bleiben, eine kurze Atempause dazu nutzen, sich klammheimlich ein bisschen umzusehen. Allerdings vorsichtig, denn die Puste kann einem schnell wegbleiben bei diesem Anblick. Besser geht man deshalb ohne Pause durch bis zum Gipfel, den man über einen eleganten Schneegrat im blauen Äther erreicht, und ordnet dann in aller Ruhe die Gipfel ein. Rechts über der grünen Furche von Zermatt der Kamm, der das Mattertal vom Konkurrenten Saas Fee trennt, kulminierend im Dom, dem höchsten Gipfel, der vollständig auf Schweizer Boden steht (der »wahre« Seven-Summit Helvetiens?). Links über Zermatt die großen Hörner, markige Individuen ein jedes: Weisshorn, Zinalrothorn, Dent Blanche, elegante, kantige Felstetraeder – und natürlich das Horn aller Hörner, das Matterhorn, dem man hier auf die weniger bekannte, felsige Südseite blickt. Im Süden verliert sich eine unermessliche Gipfelpopulation über dem Dunst der Poebene. Und der Blick nach Osten zeigt ganz hinten die Monte-Rosa-Gipfel – und eine schöne Zusatzoption für den kaum angekratzten Tourentag.

Wer also nicht genug hat, folgt dem Grat Hoch über den Tälern auf der Firnschneide eine knappe halbe Stunde hinüber zum Mittelgipfel, dann über einen etwas steileren Firnhang hinunter zum Breithornplateau: Das ist schon eine hübsche, etwas verschärfende Variante zum Abstieg auf dem Normal

weg. Es gibt noch mehr: Als eleganter Schneedom schaut der Castor herüber; der ist allerdings für den Nachmittag ein bisschen zu viel. Aber wenn man, den Höhenlinien folgend, den Gletscher hinübergeschlendert ist Richtung Zwillingsjoch, unter der spartanischen Biwakschachtel an der Roccia Nera vorbei, kommt der kleine Zwilling des Castor zum Vorschein, der Pollux. Schon ein gutes Stück steiler als das Breithorn, weshalb hier auch für kurze Zeit fortgeschrittenere alpine Techniken hervorgekramt werden dürfen.

Zwei bewährte Anstiegsmöglichkeiten offeriert der felsige Kopf Am Südwestgrat helfen Fixseile und Ketten über die steilsten Wandstufen, zwischendurch fordert eine Verschneidung Kletterei im III. Grad. Der Südostgrat aus dem Zwillingsjoch ist leichter, die Kletterei im plattigen Hochgebirgsgneis stimmt auf die Strukturen drüben an der Dufourspitze ein. Man kann die eine Linie hinauf, die andere hinunter, zwischendurch oben Brotzeit und Aussicht genießen – dabei aber immer an den Fahrplan der letzten Gondel denken, und die Sicht- und Schneeverhältnisse im Auge behalten. Auch ohne Orientierungsprobleme kann der Hatsch über den Ghiacciaio di Verra mühsam werden. Oder man macht sich gleich auf die »Spaghetti-Runde«: Mehrere Hütten auf der italienischen Seite bieten Station für den mehrtägigen Marsch über Castor und Liskamm oder Naso zur 4000er-Parade der Monte-Rosa-Gruppe (im halben Dutzend billiger…) – es gibt viel zu tun! *–ad–*

Der Pollux, links neben seinem großen Zwillingsbruder Castor, offeriert eine hübsche Zugabe mit etwas alpinerem Anstrich.

5.5 Nadelhorn (4327 m)

Feiner Gipfel mit wenig Platz

mittel   mittel   5+10 Std. 1550+1000 Hm

Tourencharakter
Mittelschwere Hochtour (WS) mit
leichter Kletterei (II) gemischt mit
Firn (bis 40 Grad)

Ausgangspunkt/Endpunkt
Saas Fee (1792 m)

Gipfel
Nadelhorn (4327 m)

Gehzeiten
Saas Fee – Mischabelhütte
4–5 Std., Mischabelhütte – Nadelhorn 3,5 Std., Nadelhorn – Saas
Fee 5–6 Std.

Hütte
Mischabelhütte (3340 m),
Tel. 00 41/(0)27/9 57 13 17
mischabelhuette@gmail.com

Beste Jahreszeit
Juni bis September

Karten
Landeskarten der Schweiz
1:25 000, Blatt 1329 »Saas« und
Blatt 1328 »Randa« oder
1:50 000, Blatt 284 »Mischabel«

Führer
R. Goedeke »4000er – die Normal-
wege«, Bruckmann Verlag
München

Eine Besteigung des Nadelhorns ist landschaftlich und bergsteigerisch besonders lohnend und abwechslungsreich. Die feine Felsspitze entsendet
drei markante Grate. Über den Nordostgrat führt der Normalweg. Die Grate
nach Westen und Osten bilden den Nadelgrat, dessen Überschreitung als
eine der schönsten Gratwanderungen der Alpen gilt. Insbesondere die Sicht
auf die nahen gegenüberliegenden Berge mit Weissmies, Lagginhorn und
Fletschhorn sind beeindruckend.

Vor dem Genuss ... kommt die Mühe! Diese Weisheit gilt bei einer Besteigung
des Nadelhorns ganz besonders. Müssen doch vom Talort 1550 schweißtrei-
bende Höhenmeter bewältigt werden. Hat man einmal das Touristengetüm-
mel von Saas Fee hinter sich gelassen, bei der Kirche den Abzweig in
Richtung Mischabelhütte gefunden und den Leeboden bis zu den Lawinenverbauungen beim Torrenbach gequert, ziehen schier unendlich viele Serpentinen über die Trift und Schönegge hinauf zum Südostgrat des
Distelhorns auf 2450 Meter. Nochmals schlängelt sich der Weg gute 350 Meter
auf dem Grat und dann in den Südostflanken des Distelhorns weiter nach
oben. Willkommene Abwechslung kommt nun in der folgenden Felspassage
auf. Gut markiert führen einige leichte Kletterstellen (I), die mit Drahtseilen
und Leitern entschärft sind, zur Mischabelhütte, die einem Adlerhorst gleich
auf 3340 Metern Höhe auf dem Moränengrat oberhalb des Fallgletschers re-
sidiert. Der Dom lugt hinter der Lenzspitze hervor, und das Panache auf der
Hüttenterrasse hat man sich wohl verdient ...

Hochalpine Genusstour Frühstück um vier, Start gegen fünf Uhr – auch wenn
nur 1000 Höhenmeter bevorstehen, macht ein früher Aufbruch Sinn. Zum
einen, um zurück zu sein, bevor der Schnee weich wird, zum anderen werden die meisten Bergsteiger noch am gleichen Tag wieder ins Tal absteigen
wollen. Zudem ist die Lichtstimmung am Morgen einfach am schönsten.

Das Schwarzhorn, wel-
ches über die Moräne
oberhalb der Hütte auf
ca. 3600 Metern Höhe er-
reicht wird, ist eigentlich
nur ein flacher »Mugel«
und führt auf den Hoh-
balmgletscher. Diesen
quert man flach in gro-
ßem Bogen, bis am Ende
über steileren Firnhang
mit einigen Spalten das
Windjoch (3850 m) er-

Eine leuchtende Verbindung gehen
Lenzspitze und Nadelhorn im
Morgenlicht ein; links im Bild die
Lenzspitze-NO-Wand.

reicht wird. Die ersten Sonnenstrahlen tauchen den gesamten Nadelgrat nun in ein warmes Licht, und wer Glück hat, kann Seilschaften beim Durchstieg der beeindruckenden Lenzspitze-Nordostwand beobachten.

Im warmen Sonnenlicht folgt man nun dem immer schmaler werdenden Firngrat, der weiter oben mit felsigen Aufschwüngen durchsetzt ist, zum Gipfelaufbau – eine abwechslungsreiche Kraxelei im oberen II. Grad, die richtig Spaß macht. Der Gipfel, der maximal zwei Menschen Platz bietet, begeistert mit einem atemberaubenden Blick über das Saastal, das gesamte Berner Oberland bis zur Weisshorngruppe im Westen. Die insgesamt 2500 Höhenmeter Abstieg auf gleichem Weg mögen zwar abschrecken, aber mit einem Zwischenstopp auf der Mischabelhütte und dem außergewöhnlich schönen Rundblick ist das am Ende doch halb so wild … –sh–

Nicht schwer, aber aussichtsreich: Der Blick zurück vom Grat auf das Nadelhorn führt über den Balfrin bis ins Berner Oberland.

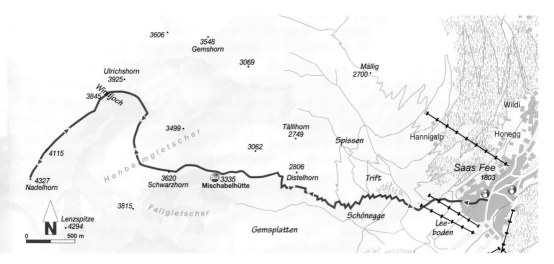

5.6 Stellihorn (3436 m)

Einsamkeit pur

leicht   3+7 Std.   525+750 Hm

Tourencharakter
Leichte Hochtour (WS); da man
aufgrund einiger Spalten am Seil
geht, sollte man im steilen Gelände
(bis 40 Grad) mit einigen Eisschrauben sichern

Ausrüstung
Hochtourenausrüstung mit zwei zusätzlichen Schrauben

Ausgangspunkt/Endpunkt
Mattmarksee (2197 m)

Anfahrt
Im Saastal statt nach Saas Fee
weiter nach Saas Almagell und von
dort zum Mattmarksee

Gipfel
Stellihorn (3436 m)

Gehzeiten
Mattmarksee – Biwakplatz 3 Std.,
Biwakplatz – Stellihorn 2½–3 Std.,
Stellihorn – Mattmarksee 3–4 Std.

Hütte
Biwakplatz mit guter Zeltmöglich-
keit auf 2719 m

Beste Jahreszeit
Juni bis September/Oktober

Karten
Schweizer Landeskarten 1:25 000,
Blatt 1329 »Saas« oder 1:50 000,
Blatt 284 »Mischabel«

Den zweithöchsten Seven Summit
fest im Blick – vom Gipfel des
Stellihorn über den Mattmarksee
und Grenzkamm zum Monte-Rosa-
Massiv; rechts das Strahlhorn.

Wer dem Trubel auf den Modetouren ausweichen möchte, der muss sich
ins hintere Saastal begeben. Die formschöne Pyramide des Stellihorns ist
ein Geheimtipp. Fast völlig unbekannt, kann es nicht mit großen Wänden,
mächtigen Eisflanken oder namhaften Graten aufwarten. Und doch ist
dieser Berg absolut einen Besuch wert!

Biwak oder nicht Die einsame Ecke des hinteren Saastals lädt geradezu ein,
Touristenmekka, teure Hotels und überfüllte Hütten hinter sich zu lassen.
Endlich wieder zurück zu den Ursprüngen! Sind wir nicht Jäger und Sammler? Wer also das Gewicht von Zelt, Kocher und Verpflegung nicht scheut,
dem winkt ein wildromantischer Abend vor dem Zelt, wenn bei einem Becher
Rotwein die Sonne hinter der Mischabelgruppe verschwindet. Auch wenn
man das Stellihorn gut als Tagestour machen kann – ein Biwak ist äußerst
lohnend!

Startpunkt ist der Mattmarksee auf 2197 Metern Höhe. Vom Parkplatz lenkt
man seine Schritte über die Staumauer auf die Ostseite des Sees. Ist man ausreichend früh gestartet, so kann man die Mühen der Schlepperei mit genügend Pausen erträglich gestalten und immer wieder die hervorragende
Aussicht genießen. Nach guten 800 Metern entlang des Sees führt ein Pfad
sanft und gleichmäßig aufwärts in Richtung Ofental. Bei einer Höhe von ca.
2300 Metern verlässt man diesen nach links und quert unterhalb einiger Felsen weglos nach Süden, um dann über steile Wiesenhänge bis Punkt 2719
aufzusteigen. Hier im kleinen Wysstal befindet sich auf einer Verflachung das
stille Rasenplätzchen mit einem Bächlein. Also auspacken, aufbauen und in
der Nachmittagssonne erholen! Die Aussicht ist umwerfend. Die Gipfel des
Monte Rosa erheben sich über den nahen schweizerisch-italienischen Grenzkamm, und die Mischabelgruppe zeigt ihre ganze Majestät. Kann man sich
einen besseren Platz wünschen, um den Sonnenuntergang zu beobachten und
den Kocher für die Spaghetti anzuwerfen?

**Einsamer Weg zu gran-
dioser Aussicht** Spätes-
tens wenn das Strahlhorn
seinem Namen alle Ehre
macht und im ersten Mor-
genlicht erstrahlt, wird es
Zeit, den stillen Biwak-
platz zu verlassen und
sich auf den Weg zum Stel-
lipass zu machen. Gut 300
Höhenmeter sind es noch,
die auf steilen Wiesen und
in Blockgelände überwun-

Das Stellihorn – einsamer Gipfel für alpine Individualisten in prachtvoller Umgebung; hinten die Mischabelgruppe.

den werden, bis man die Moräne des Nollengletschers auf 3038 Metern erreicht. Der Moräne noch etwas folgend betritt man bei einer Höhe von etwa 3150 Metern den Gletscher. Auch wenn dieser nur wenige Spalten aufweist, ist hier das Gehen in Seilschaft Pflicht. Je nach Verhältnissen steigt man am rechten Gletscherrand noch etwas auf und quert bei günstiger Gelegenheit zur anderen Seite. Von hier nun steil (40°) die letzten 100 bis 150 Höhenmeter zum Gipfelgrat und zum Gipfel.

Von der luftigen Warte des Gipfels hat man einen hervorragenden Blick auf die hohen Nachbarn: Monte Rosa mit Dufourspitze und Punta Gnifetti sind in der Ferne bestens auszumachen. Im Norden liegt das Berner Oberland, wo sich die spitze Pyramide des Bietschhorns keck in den Himmel reckt. Es ist gut möglich, dass der letzte Gipfelbucheintrag schon einige Wochen zurückliegt. Wer hierher kommt, teilt sein Erlebnis meist nur mit Dohlen, Murmeltieren und Steinböcken – ein Erlebnis für Individualisten, die die Einsamkeit, wegloses Gelände, Kraxeln zwischen groben Granitblöcken und Steigen in steilem Firn lieben… –sh–

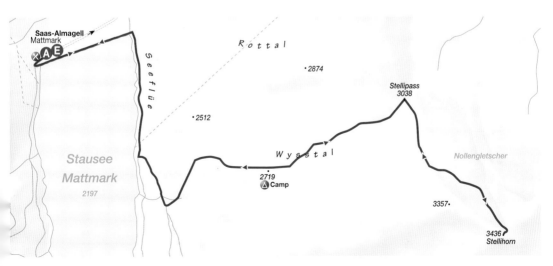

6. Italien:
Gran Paradiso (4061 m)

Der höchste Italiener – als Zentrum
des gleichnamigen Nationalparks bietet
der Gran Paradiso schier unendliche
Möglichkeiten für Wanderer und
Bergsteiger.

6. Gran Paradiso (4061 m)
Italien

Der leichteste 4000er der Alpen – so wird der Gran Paradiso häufig bezeichnet. Allerdings ist das Walliser Breithorn seit dem Bau der Seilbahn auf das Klein Matterhorn deutlich einfacher und kürzer zu erreichen. Betrachtet man den Normalweg vom Rifugio Vittorio Emanuele, dann ist der Gran Paradiso sicher einer der idealen 4000er für Einsteiger. In der Reihe der Seven Summits der Alpen ist er zudem mit 4061 Metern Höhe die Nummer drei in

Grüne Wälder, steile Felsen, beeindruckende Wasserfälle und vieles mehr – der Gran Paradiso Nationalpark geizt nicht mit Reizen.

der Rangfolge – und in Italien ist er gar die Nummer eins, und für viele Italiener fast schon eine Pflicht, ihm zumindest einmal aufs Haupt zu steigen. Allerdings wird man mit solchen Einteilungen weder dem Berg noch dem Gebiet annähernd gerecht, denn es bietet unbestritten noch viel mehr.

Hoch über dem Aostatal und im gleichnamigen Naturpark gelegen, bietet der Gran Paradiso nicht nur exzellente Ausblicke in alle Himmelsrichtungen, sondern ist auch selbst weithin sichtbar. Das Aostatal als Ausgangspunkt für Touren bietet ausgezeichnete und vielfältige Wander- und Klettermöglichkeiten. Südlich begrenzt durch den Nationalpark, nördlich durch die Südhänge des Wallis und im Westen durch das Bollwerk des Mont-Blanc-Massivs ist das Aostatal eingerahmt von Gletschern, blühenden Wiesen, Bergseen und tiefen Schluchten. Eine ganze Reihe 4000er steht Spalier, um über das tiefe Tal zu wachen.

Das Massiv des Gran Paradiso kann prinzipiell von allen Seiten bergsteigerisch angegangen werden. Die meisten Besucher aus dem Norden werden aber wohl das Aostatal als Ausgangsort wählen. Denn die Anreise hierher ist meist schon ein Tagesakt. Drei große Täler, das Valsavaranche, das Valle di Cogne und das Val di Rhêmes, alle aus dem Aostatal nach Süden abzweigend, bilden die Zugänge ins Herz des Gran-Paradiso-Nationalparks. Übri-

Alte Vie

Im Aostatal gibt es vier ausgezeichnet ausgebaute Höhenwege, die Alte Vie 1 bis 4, die in Etappen bis zu zehn Tagen exzellente alpine Durchquerungen ermöglichen; Informationen und eine Broschüre mit Beschreibung erhält man beim Tourismusverband des Aostatals.

gens – auch wenn der Paradiso durchaus »paradiesische Vergnügen« bietet, so ist dies nicht der Grund für die Namensgebung. Er ist lediglich eine Verfälschung des franko-provenzalischen »Gran Parei«, was so viel wie »Hohe Wand« bedeutet.

Wenn der Ciarforon bei der Vittorio-Emanuele-Hütte so im Abendlicht leuchtet, stehen die Chancen gut für den Gran Paradiso am nächsten Tag.

Das Aostatal – autonom und zweisprachig Ein Großteil des Nationalparks und der Gran Paradiso selbst gehören zum Gebiet der Autonomen Provinz Aosta. Die ersten Siedlungsspuren stammen aus dem 3. Jahrtausend vor Christus, die erste prägende Macht allerdings waren die Römer im 3. Jahr-

Alpenidyll 1: »Wilde Männle«, die korrekte Bezeichnung ist Alpen-Kuhschelle, vor der Silhouette des Gran Paradiso

Informationen

Talorte

Haupttalort ist Aosta; von dort sind in Fahrtzeiten zwischen ½ und 1 Std. die Täler Valsavaranche, Val di Rhêmes und Valle di Cogne zu erreichen.

Anfahrt

Mit dem Pkw durch die Schweiz nach Martigny und von dort über den Gran San Bernardo oder durch den gleichnamigen Tunnel (34 Euro einfach) nach Aosta.
Mit öffentlichen Verkehrsmitteln nach Mailand und Turin; von dort mit dem Bus in einer langwierigen Fahrt nach Aosta und in die Zieltäler.

Beste Zeit

Das Paradiso-Gebiet ist sowohl ein Sommergebiet als auch ein hervorragendes Skitourenrevier. Die beste Zeit im Sommer reicht von Juni bis Oktober, wobei Wanderungen in den talnahen Regionen auch schon vor und nach diesem Zeitfenster unternommen werden können.

Karten

Für das Aostatal gibt es hervorragende Karten im Maßstab 1:25 000 des Verlags L'ESCURSIONISTA editore. Für unsere Touren sinnvoll sind die Karten Nr. 9 »Valsavaranche Gran Paradiso« und Nr. 10 »Valle di Cogne Gran Paradiso«. Für die Wanderung auf den Monte Zerbion die Karte Nr. 108 »Cervino Matterhorn« und Nr. 5 »Cervino-Matterhorn e Monte Rosa« (1:50 000) vom Istituto Geografico Centrale.

Tourismus-Information

Tourismusbüro, Piazza Emile Chanoux 2, 11100 Aosta,
Tel. 00 39/01 65/23 66 27,
www.lovevda.it,
aosta@turismo.vda.it

hundert vor Christus. Sie verloren ihren Einfluss jedoch schnell wieder nach Hannibals berühmtem Versuch, von hier die Alpen zu überschreiten – über den Pass, den auch wir heute noch benutzen, den Gran San Bernardo. Es sollte noch einmal über 100 Jahre dauern, bis die Römer ihre Macht hier vollständig etablieren konnten. In der Folge waren die Einflüsse so vielfältig wie die europäische Geschichte – das Christentum kam, Aosta wurde Bischofssitz. Die Burgunder und die Franken gaben sich die geschichtliche Tür in die Hand, und selbst die Sarazenen besetzten die Pässe rund ums Aostatal, sogar Magyaren aus Ungarn zogen plündernd durchs Land.

In der neueren Geschichte zog es einen anderen großen Feldherrn über den Gran San Bernardo ins Aostatal – Napoleon. 14 Jahre herrschte er, bevor die Savoyer, welche die französische Sprache aber schon lange vor Napoleon im Tal etabliert hatten, ihre Territorien wieder zurückbekamen. Bei der Gründung des italienischen Staates wurde das Aostatal der nordöstlichste Zipfel des neuen Königreichs. Weit entfernt von Rom und französischsprachig konnte es sich immer eine gewisse Unabhängigkeit bewahren. Erheblicher Widerstand gegen die Faschisten und Nazis zeugen davon und führten dazu, dass das Aostatal heute eine Autonome Region Italiens ist. Zwar ist sie immer noch zweisprachig, doch der Rückgang der französischen Sprache ist eine Entwicklung der neuesten Zeit.

Ein Nationalpark von königlichen Gnaden Der Gran-Paradiso-Nationalpark ist der älteste Naturschutzpark Italiens. Er bietet eine unglaublich reiche Fauna und Flora. Die Distanz zum fernen Rom und die Jagdleidenschaft von König Vittorio Emanuele III. führten zu seiner Gründung, welche unumstritten mit dem Erhalt der gefährdeten Steinböcke im Alpenraum verbunden ist. Bereits 1856 hatte der König die Berge um den Gran Paradiso zum königlichen Jagdrevier erklärt. Er gründete ein Wachkorps und ließ Wege und

Saumpfade bauen, die auch heute noch von den Parkwächtern zum Wildschutz begangen werden und zudem den Kern der heutigen Wanderwege bilden. Im Jahr 1919 erklärte sich der König bereit, dem italienischen Staat die 2100 Hektar des Jagdreviers unter der Bedingung zu schenken, dass ein Nationalpark entstehe; dieser wurde schließlich 1922 gegründet.

Sowohl für den Park als auch für die Steinböcke gestaltete sich die Geschichte in den nächsten Jahrzehnten wechselhaft. Wuchs die Population der beeindruckenden Hochgebirgsbewohner in den Anfangsjahren schnell wieder an, so führten Unstimmigkeiten zwischen Bevölkerung und Parkverwaltung sowie die Wirren des II. Weltkriegs immer wieder zu Rückschlägen. Am Ende des Kriegs betrug die Zahl der Steinböcke nur noch 416 Tiere. Erst als die Verwaltung einer unabhängigen Behörde übertragen wurde und die Bevölkerung zu begreifen begann, dass der Park eine Chance für die Entwicklung der Täler war, besserten sich die Zeiten für Park und Steinbock. Inzwischen hat der Park eine enge Zusammenarbeit mit dem benachbarten französischen Nationalpark Vanoise gestartet mit dem Ziel, eines der größten Naturschutzgebiete Europas zu realisieren. Der Steinbock hat sich auf eine Population von mehreren tausend Tieren entwickelt, die inzwischen wieder im gesamten Alpenraum angesiedelt wurden.

Einen hervorragenden Überblick über die Alpenflora des Nationalparks bietet der kleine, liebevoll gepflegte »Botanische Alpengarten Paradisia« in der Gemeinde Valnontey im Valle di Cogne. Mit fast tausend verschiedenen Pflanzenarten vermittelt er die außerordentliche Vielfalt, die aus dem wechselnden Gesteinsuntergrund des Gebiets und der Nähe der mediterranen Regionen resultiert, aus denen viele Pflanzen eingewandert sind.

Alpenidyll 2: Ein neugieriges Steinböckchen am Monte Zerbion fixiert den Fotografen.

6.1 Gran Paradiso (4061 m)

Viertausender im »Easy-Format«

leicht · mittel · 8–10 Std. · 770+1350 Hm

Tourencharakter
Leichte Hochtour (WS, bis maximal
35 Grad im Firn), am Gipfel leichte
Kletterei (II)

Ausrüstung
Komplette Hochtourenausrüstung,
zwei Expressschlingen zum Sichern
der Schlüsselstelle

Ausgangspunkt/Endpunkt
Pont im Valsavaranche (1950 m)

Anfahrt
Von Aosta nach Pont in ca. 1 Std.
Mit öffentlichen Verkehrsmitteln
umständlich mit dem Bus von
Aosta/Villeneuve nach Eaux Rous-
ses und Pont. Aktuelle Fahrpläne
Villeneuve – Eaux Rousses auf
www.savda.it/it/orari.php

Gipfel
Gran Paradiso (4061 m)

Gehzeiten
Pont – Rifugio Vittorio Emanuele
2–2½ Std., Rifugio Vittorio Emanuele – Gran Paradiso 4–5 Std.,
Gran Paradiso – Pont, 4–5 Std.

Hütte
Rifugio Vittorio Emanuele (2719
m), Tel. 00 39/01 65/9 59 20,
www.rifugiovittorioemanuele.com

Beste Jahreszeit
Juni bis September/Oktober

Karten
Carta dei sentieri 1:25 000, Nr. 9,
»Valsavaranche Gran Paradiso«,
L'ESCURSIONISTA editore

Führer
R. Goedeke »4000er – die
Normalwege«, Bruckmann Verlag
München

Am einfachsten ist der Gran Paradiso von Westen über das Rifugio Vittorio Emanuele zu besteigen. Auch wenn es sich großteils nur um eine einfache Gletscherwanderung handelt, begeistert die Tour nicht weniger. Und dem typischen Stau an der Engstelle vor dem Gipfel begegnet man am besten mit Gelassenheit …

Chilliger Hüttenanstieg und -aufenthalt Der große Parkplatz in Pont ist schon ein Indiz dafür, dass man auf dieser Wanderung nicht allein ist. An Wochenenden oder Feiertagen sieht man sich bei schönem Wetter hier sowohl umringt von »echten Bergsteigern« wie auch von Tagesausflüglern – meist Italiener, für die es schon fast ein Muss zu sein scheint, einmal im Leben, wenn schon nicht auf dem Höchsten Italiens, so wenigstens auf der Hütte zu seinen Füßen gewesen zu sein.

Nach der Überquerung der Brücke über den Torrent Savara folgt man dem Zufahrtsweg zum Rifugio Tetras Lyre. Nur 40 Höhenmeter gewinnt man auf diesem ersten Kilometer. Nicht der Rede wert und gerade recht zum Warmlaufen. Das Rifugio erinnert eher an eine nepalesische Lodge als an eine Alpenhütte und liegt malerisch mit Blick auf den Talabschluss und den Glacier du Grand Êtret. So gemütlich, dass man schon geneigt ist, auf einen leckeren Kaffee einzukehren; aber vielleicht merkt man sich das doch besser für die Rückkehr vor, denn nun zieht der Weg steil, aber gut ausgebaut nach links, um schnell an Höhe zu gewinnen. Zunächst geht es noch durch schattigen

Seinerzeit futuristisch, heute immer noch eigenwillig – das Halbrund des Rifugio Vittorio Emanuele spiegelt sich im Lac de Montcorvé.

Wald, und es begeistert ein spektakulärer Wasserfall, dessen Zufluss direkt dem Glacier du Grand Paradis entspringt. Auch nach dem Passieren der Waldgrenze ist der Weg bestens ausgebaut und führt in angenehmer Steigung nach oben. Am Nachmittag, wenn die Sonne das ihre tut, kann das Ganze jedoch zu einer schweißtreibenden Angelegenheit werden. Bis kurz vor der Ankunft verbirgt sich die Hütte vor den Augen des Wanderers. Kaum erblickt man aber das erste Blinken des halbrunden Hüttendaches, ist man auch schon da.

Allein ist man selten: Der Aufstieg zum Gran Paradiso gleicht meist einer kleinen Prozession; er ist sicher einer der meistbesuchten Seven Summits.

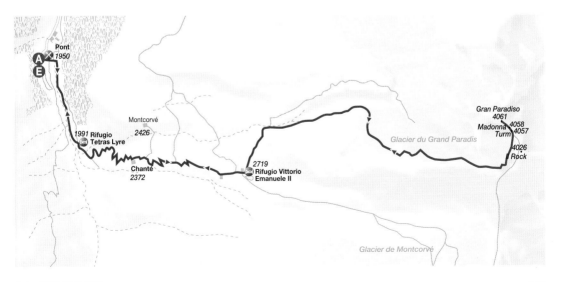

Ein Treffen mit der Sonne: Das Tagesgestirn kommt hinter der Becca di Montcorvé hervor.

Alternative Routen

Auf den Gran Paradiso führen diverse Routen mit unterschiedlichen Schwierigkeiten. Eine ebenfalls leichte Route leitet vom Rifugio Chabod über den Glacier de Laveciau und trifft auf 3600 Metern Höhe auf die Normalroute vom Rifugio Vittorio Emanuele. Die beiden Routen können auch kombiniert werden.
Weitere interessante Routen: Überschreitung Herbetet – Kleiner Paradiso – Gran Paradiso, Paradiso-Nordwestwand, Überschreitung NO nach W vom Bivacco Pol über den Glacier de la Tribulation.

Paradiesisch am Lac de Montcorvé gelegen bietet die Hütte ausreichend Möglichkeiten für einen »chilligen« Nachmittag. Sei es eine kleine Akklimatisationswanderung, das Spannen einer Slackline zwischen den Felsblöcken oder bei einem Sonnenbad einfach die Aussicht auf den Ciarforon und die gegenüberliegenden Berge des Mt. Taou Blanc zu genießen. Egal, wofür man sich entscheidet, man sollte die legendäre Minestrone des äußerst sympathischen Hüttenteams auf keinen Fall verpassen!

Früher Start Schon vor vier Uhr wird es unruhig in der Hütte, und die ersten Seilschaften begeben sich zum Frühstück und anschließend auf den Weg. Durchaus sinnvoll, denn 1350 Meter Aufstieg liegen vor den Bergsteigern, die normalerweise in vier bis fünf Stunden bewältigt werden. Beschaulich flimmert die Lichterkette der Gipfelaspiranten zwischen den Felsblöcken hinter der Hütte. Die Orientierung fällt nicht ganz leicht, aber die vielen Steinmännchen verhindern meist einen Verhauer. Nach dem Blockwerk wird der Weg offensichtlicher und führt entlang des aus dem Glacier du Grand Paradis entspringenden Baches nach oben. Je nach Schneelage kann die flache Rinne oberhalb des Baches mit Steigeisen im Schnee weiter verfolgt werden, oder man geht in einem Bogen links über die Steinplatten zum »offiziellen« Anseilplatz. Angeseilt und mit Steigeisen quert man das Schneefeld leicht aufsteigend nach Süden, man durchsteigt einen einfachen Felsriegel und erreicht den rechten Rand des Gletschers. Nun ragt die Becca de Montcorvé auf, und jeden Moment ist damit zu rechnen, dass die wärmende Sonne hinter ihr hervorkommt. Der Ausblick wird immer fantastischer, und schon jetzt reicht er von der Vanoise über den Mont Blanc bis ins Wallis.

Gelassen zum Gipfel Der obere Teil des Gletschers ist mäßig steil, und den wenigen Spalten kann man gut ausweichen. So kommt man nach etwa vier Stunden zum Gipfelgrat, der von der Becca di Montcorvé über Il Roc zum ausgesetzten, kleinen Plateau führt, auf dem die Madonna steht. Genau genommen handelt es sich dabei nicht um den eigentlichen Gipfel. Dieser steht noch einige Meter weiter und ist wenige Zentimeter höher; die meisten Bergsteiger beenden aber ihre Besteigung hier.

Leichte, aber ausgesetzte Kletterei am Felsgrat im II. Schwierigkeitsgrad ist hierbei gefordert. Diese Schlüsselstelle kurz vor der Madonna ist regelmäßig Ursache für Stau und manchmal auch Stress zwischen den Seilschaften; hier hilft nur Geduld und Gelassenheit. Hat man dieses Nadelöhr überwunden und somit den südlichsten 4000er der Alpen erreicht, lohnt der fantastische Rundblick auf die gesamte Westalpen-Prominenz alle Mühen.

Um einer allzu stark aufgeweichten Schneedecke auf dem Gletscher zu entgehen, sollte man jedoch nicht zu lange auf Italiens höchstem Punkt verweilen. Den Aufstiegweg auch als Abstiegroute nutzend benötigt man gute zwei Stunden bis zur Hütte und – nach einer kräftigen Minestrone ebendort – zwei weitere Stunden ins Tal.   –sh–

Endlich! Hat man sich aus dem Stau gelöst und einen Gipfelplatz ergattert, kann man gemeinsam mit der Madonna den fantastischen Rundblick genießen.

6.2 Plan Borgno und Lac Leynir

Logenplatz bei Sonnenuntergang

mittel   **7–8 Std.**   **950 Hm**

Tourencharakter
Weglose Wanderung (T3), die einigen Orientierungssinn erfordert.

Ausgangspunkt/Endpunkt
Pont im Valsavaranche (1950 m)

Anfahrt
Von Aosta nach Pont in ca. 1 Std. Mit öffentlichen Verkehrsmitteln umständlich mit dem Bus von Aosta/Villeneuve nach Eaux Rousses und Pont. Aktuelle Fahrpläne Villeneuve–Eaux Rousses auf www.savda.it/it/orari.php

Gehzeiten
Pont – Plan Borgno 2–2½ Std., Plan Borgno – Lacs Trebecchi 1½–2 Std., Lacs Trebecchi – Pont 2½–3 Std.

Hütte
Eine Übernachtung auf dem Rifugio Savoia am Colle de Nivolet kann eingeplant werden.

Beste Jahreszeit
Juni bis Oktober

Karten
Carta dei sentieri 1:25 000, Nr. 9 »Valsavaranche Gran Paradiso«, L'ESCURSIONISTA editore

Diese gipfellose Wanderung besticht durch ihre Vielfalt. Alpwiesen mit einer überwältigenden Alpenflora, Bergseen, labyrinthisches Blockgelände und die Vorfreude auf einen überwältigenden Sonnenuntergang machen sie zu einem einzigartigen Erlebnis. Wer dieses bis zum Sonnenuntergang auskosten möchte, sollte nicht vergessen, Stirnlampe und Daunenjacke in den Rucksack zu packen – oder eine Übernachtung einzuplanen…

Steil zum See Am Parkplatz Pont startet der Wanderweg Nr. 3 in Richtung Colle de Nivolet. Auf gutem Weg geht es am Rand der Doire du Nivolet zunächst durch Wald, dann auf steilem Bergpfad hinauf zum Croix de l'Arolley, beliebter Aussichtspunkt 360 Meter oberhalb von Pont. Flacher wandert man von hier über Alpwiesen und über latschenbewachsene Hügel entlang der Doire du Nivolet. Kurz bevor sich diese eindrucksvoll durch die Felsen frisst, trennen sich die Wege. Während sich die meisten Wanderer der Nr. 3 in Richtung Colle de Nivolet zuwenden und den langen, aber auch etwas eintönigen Weg durch das Hochtal nehmen, führt die Nr. 3A über den Bach. Schnell gewinnt man an Höhe und kreuzt auf 2400 Metern Höhe die alte Schotterstraße, die vom Colle de Nivolet herüberkommt.

Einen weiteren Aufschwung von 200 Höhenmetern heißt es nun zu bewältigen. Der Pfad wird schmaler und ist nicht immer gut zu erkennen, trifft aber

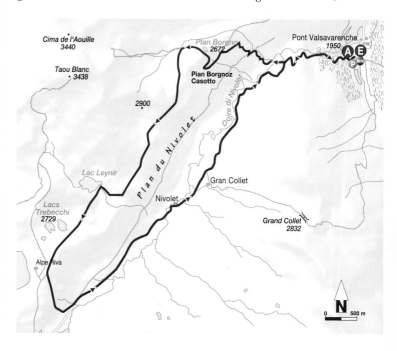

auf einer Höhe von 2620 Metern auf den Wanderweg Nr. 9 bzw. 6A, der vom Meyes-Tal zum Colle de Nivolet führt. Folgt man diesem nun etwas nach Süden, kann man kurz darauf nach rechts zum Plan Borgno abzweigen, welcher in wenigen Minuten erreicht wird. Schnell wird offensichtlich, warum dies ein beliebtes Ausflugsziel ist und so manche Picknickdecke ihren Weg

In seiner ganzen Pracht zeigt sich das Gran-Paradiso-Massiv, wenn man auf der gegenüberliegenden Talseite wandert.

Die Brücke über die Doire du Nivolet – sie führt zu einer der schönsten Panoramawanderungen im ganzen Paradiso-Gebiet.

hierher findet: Grünblau bettet sich der See in die grünen Alpwiesen, Alpenwollgras säumt seine Ufer und vervollständigt die pittoreske Szenerie mit dem Gran-Paradiso-Massiv im Hintergrund.

Weglos für trittsichere Orientierungsfüchse Während die Wege Nr. 6A und Nr. 9 weiter zum Colle de Nivolet und zu den gleichnamigen Seen führen, folgen Trittsichere mit Orientierungssinn dem Pfad vom Plan Borgno weiter taleinwärts, um dann auf den ca. 2750 Meter hohen Hügel oberhalb des Sees zu steigen. Nun immer dem Kamm folgend zieht der kaum sichtbare Pfad unterhalb des Mont Taou Blanc nach Süden. Bei der Querung steiler Wiesenhänge zeigen einige wenige Steinmännchen und Pfadspuren, dass man noch richtig ist. Die Höhe von 2700 bis 2740 Meter wird beibehalten, und direkt unterhalb der Ausläufer des Mont Taou Blanc trifft man auf Blockgelände, welches, weiterhin die gleiche Höhe beibehaltend, durchstiegen wird, bis man auf einen kleinen »Pass« mit Steinmännchen trifft – anspruchsvoll, kurzweilig und landschaftlich beeindruckend, so kann man diesen Teil des Weges bezeichnen. Von hier steigt man 40 Höhenmeter durch die Blöcke auf eine Alpwiese ab, wo nach wenigen Metern wieder ein Pfad erkennbar wird. Im Süden schimmern die Gletscher des französischen Naturparks Vanoise. Die größten Schwierigkeiten sind nun überwunden, und schon bald führt der Weg in einem letzten Gegenanstieg rechts des vom Lac Leynir stammenden Wasserfalls zu ebendiesem hinauf. Auf 2747 Metern Höhe gelegen, ist er der nördlichste einer ganzen Reihe von Seen, die hier oben im Bereich des Colle de Nivolet entstanden sind; bis auf zwei Stauseen sind sie alle natürlichen Ursprungs.

Hüttenübernachtung

Wer den Sonnenuntergang genießen, aber sich den Abstieg im Dunkeln sparen möchte, kann eine Übernachtung auf dem Rifugio Savoia einplanen; Zelten ist nach den Parkregeln leider nicht gestattet. Wer auf dem Rifugio Savoia eine Nacht verbringt, dem bietet sich als alternativer Abstieg der Weg über das Grand Collet zum Rifugio Tetras Lyre und von dort nach Pont an.

Warten auf den Sonnenuntergang Berühmt sind die Seen für die spektakulären Sonnenuntergänge, die hier zu bewundern sind. Denn es gibt wohl kaum einen besseren Platz, um darauf zu warten, dass das Gran-Paradiso-Massiv vom letzten Tageslicht beleuchtet wird und der Mond (idealerweise Vollmond) hinter den Türmen der Paradiso-Trabanten aufsteigt. Mit Sitzkissen, Daunenjacke und hoffentlich noch warmem Tee ausgestattet kann man nun gemütlich auf den Hügeln oberhalb der Lacs Trebecchi, etwa 20 Minuten südlich des Lac Leynir gelegen, auf den besagten Sonnenuntergang warten. Der Blick reicht über die gesamte Paradisokette bis zur Vanoise. Langsam steigen die Schatten aus dem Valsavaranche höher, und der Paradiso taucht in ein immer rötlicheres Licht. Der Moment des Sonnenuntergangs ist kurz, aber umso spektakulärer.

Kaum ist das letzte Licht von den Bergspitzen verschwunden, wird es auch schon empfindlich kalt, und es ist an der Zeit, das letzte Tageslicht für den Abstieg hinunter ins Plan de Nivolet zu nutzen. Über die Hügel führen einige steile Pfade nach Südosten hinab zur Straße; alternativ kann man auch von den Lacs Trebecchi den Weg Nr. 3B zum Rifugio Savoia nehmen und dort übernachten. Entscheidet man sich für den Abstieg nach Pont am selben Abend, so ist eine Stirnlampe Pflicht. Problemlos kann man dem Plan de Nivolet nach Norden folgen. Parallel zur Straße führt ein breiter Wanderweg zurück zum Croix de l'Arroley. Vorsicht ist dennoch beim Abstieg im Dunkeln nach Pont geboten, auch wenn der Weg gut ausgebaut ist. Mit ein wenig Glück bekommt man zur späten Stunde in Pont noch ein Bier und kann diesen langen, aber eindrucksvollen Tag gebührend beenden.   *–sh–*

Warten auf den Sonnenuntergang! Die Seen oberhalb des Colle de Nivolet bieten dazu eine hervorragende Aussicht.

6.3 Cime d'Entrelor (3391 m)

Weglos und voller Abwechslung

mittel | **leicht** | **8 Std.** | **1640 Hm**

Tourencharakter
Weglose Wanderung (T3) und
leichte Hochtour (WS)

Ausrüstung
Steigeisen, Pickel

Ausgangspunkt/Endpunkt
Pont im Valsavaranche (1950 m)

Anfahrt
Von Aosta nach Pont in ca. 1 Std.
Mit öffentlichen Verkehrsmitteln
umständlich mit dem Bus von
Aosta/Villeneuve nach Eaux Rous-
ses und Pont. Aktuelle Fahrpläne
Villeneuve–Eaux Rousses auf
www.savda.it/it/orari.php

Gipfel
Zweithöchster Gipfel der Cime
d'Entrelor (3391 m)

Gehzeiten
Pont – Cime d'Entrelor 4½ Std.,
Rückweg wie Aufstieg ca. 3 Std.

Beste Jahreszeit
Juni bis Oktober

Karten
Carta dei sentieri 1:25 000, Nr. 9
»Valsavaranche Gran Paradiso«,
L'ESCURSIONISTA editore

Auch wenn sich drunten im Valsavaranche Touristen und Bergsteiger ge-
genseitig auf die Füße treten, ist man auf dieser Tour meist allein. Ein wenig
Orientierungssinn ist zwar gefragt, doch Lohn der Mühe sind großartige
Aussichten auf das Gran-Paradiso-Massiv. Als leichte Hochtour ist die Wanderung auf die niedrigere der beiden Cime d'Entrelor eine perfekte Vorbereitung für die Besteigung des Gran Paradiso.

Start mit »Tunnelblick« Ausgangspunkt für diese lange Tageswanderung ist
wiederum der Talort Pont. Einige Meter geht es talauswärts, und gleich nach
der Brücke führt ein Pfad links aufwärts, vorbei an einigen Barackenhütten
zur Schotterstraße, die für den Verkehr aber gesperrt ist. Weit würde sie für
Fahrzeuge auch nicht führen, denn sie endet bald im dunklen Nichts einer
Tunnelbauruine – ein Überbleibsel übereifriger Straßenplanung, die aber aufgrund des Widerstands der Bevölkerung und der Parkverwaltung eingestellt
wurde.

Für den Wanderer bildet sie aber den ersten Teil des Weges hinauf ins Meyes-
Tal, markiert als Wanderweg Nr. 4. Der einzige fertiggestellte Tunnel muss
dabei durchquert werden, ist aber recht kurz. Eine Stirnlampe oder kleine Ta-
schenlampe sei trotzdem empfohlen, denn so manches Getier inklusive
Kreuzottern tummelt sich in dem kühlen Loch. Abrupt endet die Straße dann

Leicht zu übersehen – im Tunnel
tummelt sich so manches
Getier, auch Kreuzottern; eine
Stirnlampe schadet da nicht.

in besagtem zweitem Tunnel, und der Wanderweg Nr. 4 führt auf gut ausgebautem Pfad in einigen Kehren hoch zur verfallenen Alpe Meyes Dessous auf 2278 Metern Höhe – ein malerisches Fleckchen Erde, das mit wunderbarem Blick über das Valsavaranche und auf den Gran Paradiso zu einer kleinen Pause einlädt.

Relikt einer Bausünde: Auf dem Weg zur Alpe Meyes muss der Tunnel der alten Schotterstraße durchquert werden.

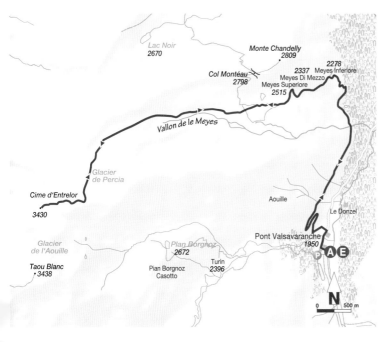

Die leichteste Art, den Gran Paradiso zu traversieren – ein herzhafter Sprung!

Vom Wanderer zum Entdecker Die Nummern 6 und 6A weisen den weiteren Weg bergauf in Richtung Südwesten. Nach weiteren 200 Höhenmetern erreicht man den Eingang zum wild-einsamen Meyes-Tal. Während die Wege Nr. 9 und Nr. 6 nun entweder nach Süden zum Colle de Nivolet oder nach Norden zum nahe gelegenen Col Mantéau führen, verliert sich der Weiterweg in Richtung Cime d'Entrelor bald im satten Grün der Alpwiesen. Am Talende ist das nächste Etappenziel zu sehen, die Moräne des Glacier de Percià. Die reiche Flora der Wiesen und die Tatsache, ohne Pfad unterwegs zu sein, lassen das Gefühl aufkommen, weitab der Schnelllebigkeit der Zivilisation und in unberührtem Neuland auf Entdeckertour zu sein. So ist die Wanderung bis kurz vor Erreichen der Moräne purer Genuss.

Dann wird es steiler und mühsamer Zwischen großen Felsbrocken und haltlosem Moränenschutt sucht man sich den besten Weg. Vereinzelte Steinmännchen zeigen an, dass man hier doch nicht der erste Entdecker ist. An der wirren Verteilung der Markierungen sieht man aber auch, dass der beste Weg durch dieses Gewirr jedes Jahr ein anderer ist. Wenn die Moräne wieder flacher wird, öffnet sich der Talkessel unterhalb der Pointe Percià und des gleichnamigen Cols. Leicht bergab nach Süden querend erreicht man ohne größere Schwierigkeiten den Gletscher.

Mit Steigeisen und Pickel Auch wenn er nur aussieht wie ein großes Schneefeld – es handelt sich um einen Gletscher, und die Firndecke auf dem Blankeis ist oft dünner als man meint. Deshalb macht es Sinn, hier die Steigeisen anzulegen und den Pickel zu zücken. Die gleichmäßige Steilheit macht das Steigen angenehm. Zuerst folgt man dem Gletscher nach Süden bis zum Punkt 3353. Steil und abweisend ziehen von hier die steilen Schutthalden hinab zum Glacier de l'Aouille, und der Mt. Taou Blanc, Herrscher des Dreigestirns Entrelor, l'Aouille und Taou, kommt in Sicht. Nun ist es nur noch eine leichte Querung über Firn und Felsplatten auf den zweithöchsten Gipfel der Cime d'Entrelor. Den Bergsteiger erwartet ein grandioser Rundblick, und das Gipfelplateau ist für eine ausgiebige Brotzeit bestens geeignet, um dann frisch gestärkt in der Nachmittagssonne den Abstieg anzugehen – im sanften Licht der Nachmittagssonne ein schöner Ausklang dieser tagesfüllenden Tour.

Die anspruchsvollere Möglichkeit Wem die leichtere Alternative nicht genügt, der kann natürlich auch den Hauptgipfel angehen. Dazu bieten sich beim beschriebenen Aufstieg zwei Alternativen: Zum einen kann man schon nach Überwindung der Moräne zum Col Percià aufsteigen und von dort über den Glacier Entrelor etwas steiler (30°–32°) den Gipfel ersteigen; hier sind einige wenige Spalten zu beachten. Zum anderen gibt es die Möglichkeit, am Glacier de Percià zu Punkt 3272 aufzusteigen und von dort ebenfalls auf den Glacier Entrelor zu queren. Nicht empfehlenswert ist es, vom hier beschriebenen Vorgipfel über den ausgesetzten Grat zum Hauptgipfel zu queren.   *–sh–*

Weglos und unberührt!
So präsentiert sich das
wild-einsame Meyes-Tal.

6.4 Pian della Tornetta (2467 m)

Großes Theater

leicht   **4 Std.**   **800 Hm**

Tourencharakter
Leichte Wanderung (T1) auf markierten Wegen

Ausgangspunkt/Endpunkt
Valnontey im Valle di Cogne
(1667 m)

Anfahrt
Von Aosta in ca. 1 Std. nach Valnontey. Mit öffentlichen Verkehrsmitteln mit dem Bus von Aosta nach Cogne. Aktuelle Fahrpläne auf http://www.svap.it/it/orari.php

Gipfel
Pian della Tornetta (2467 m)

Gehzeiten:
Aufstieg 2½ Std., Abstieg 1½ Std.

Beste Jahreszeit
Mai bis Oktober

Karten
Carta dei sentieri, Nr. 10, »Valle di Cogne, Gran Paradiso«, L'ESCURSIONISTA editore

Bei der Pian della Tornetta handelt es sich zwar nur um eine Halbtageswanderung. Ist die Hochebene aber einmal erreicht, präsentiert sich der Gran Paradiso prächtig mit seiner Nordostflanke und umrahmt gemeinsam mit einer ganzen Reihe vergletscherter 3000er das Valnontey, welches ein Tourengebiet erster Güte ist.

Valnontey, Startpunkt zahlreicher Wanderungen und Bergtouren Start dieser kleinen und zur ersten Annäherung an den Gran Paradiso bestens geeigneten Tour ist der Weiler Valnontey im Valle di Cogne. Der Ort ist ein beliebtes Touristenziel, und die Parkplätze sind gebührenpflichtig; kurz vor dem Ortseingang gibt es aber gute Parkmöglichkeiten, die kostenfrei sind.
Vom Parkplatz wandert man gemütlich auf der linken (im Sinne des Weges) Bachseite durch das Dorf in Richtung Süden. Viele Wander- und Bergsteigerziele sind von Valnontey zu erreichen, entsprechend breit und gut ausgebaut ist der Weg anfangs noch. Schon am Ortsende zweigen die ersten Wanderwege rechts ab, die in Richtung Rifugio Vittorio Sella und Col Lauson führen, über welche man in das Valsavaranche wandern kann.

Steil nach oben Nach einem Kilometer, bei der letzten Brücke über den Torrente Valnontey, zweigt der neu (im Jahr 2013) ausgebaute Weg Nr. 22A nach links und führt durch Kiefernwald in steilen Serpentinen bergauf. Schon jetzt begeistern die Ausblicke nach Süden: Gran Crou und der Ghiacciaio della Tribulazione bilden einen beeindruckenden Talabschluss, der Paradiso selbst verbirgt sich noch hinter den Bergrücken des westlichen Valnontey. Nach 200 Höhenmetern findet das erste Steilstück ein Ende, und man quert einen Fels-

Sie macht ihrem Namen alle Ehre: Die Alpe Grandezetta bietet einen sonnigen Brotzeitplatz mit großartiger Aussicht.

riegel, der mit einigen Drahtseilen versichert ist. Weiter geht es durch kühlen und märchenhaften Wald. Bizarre Felsbrocken und -türme begrenzen den steilen Hang, über den der auch hier renovierte Wanderweg zur Alpe Grandezetta (2144 m) führt. Der Name ist Programm: Gran und Piccolo Paradiso kommen zum Vorschein, und es entfaltet sich die ganze Pracht des Valnontey, ein idealer Frühstücksplatz in wärmender Morgensonne.

Aussichtsreiches Ziel Noch einmal steil führt der Weg von der Alpe zunächst durch Wald, dann durch Latschen bis auf eine Höhe von ungefähr 2400 Metern, immer entlang eines kleinen Baches, der sich pittoresk durch sein Granitbett zu Tale schlängelt. Es folgt eine abschließende Querung durch Blockwerk und Wiesen zur Pian della Tornetta. Logenplatz im Theater einnehmen und die herrliche Aussicht genießen: Diese reicht vom Torre del Gran San Pietro (3692 m) über die Testa della Tribolazione (3642 m) und Gran Paradiso (4061 m) bis zum Herbetet (3778 m) und der Gran Serra (3552 m). Wer sich jetzt noch die Mühe gemacht hat ein kleines Fläschchen Wein, etwas Käse und Brot hier hochzuschleppen, der hat alles richtig gemacht …   –sh–

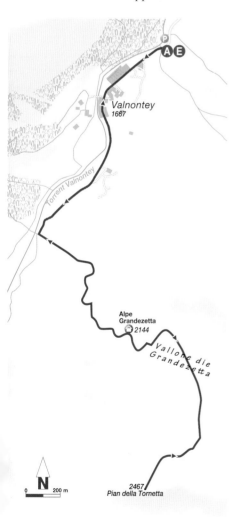

Ankunft an der Pian della Tornetta – wer jetzt noch ein Fläschchen aostanischen Wein, Käse und Brot dabei hat, hat alles richtig gemacht.

6.5 Monte Zerbion (2719 m)

Unterwegs auf »christlichen« Pfaden

leicht   5 Std.   900 Hm

Tourencharakter
Leichte Wanderung (T1) auf markierten Wegen

Ausgangspunkt/Endpunkt
Barmasc im Ayas-Tal (1828 m), wer diese überaus schöne Wanderung in Ruhe genießen möchte, sollte früh starten.

Anfahrt
Von Aosta nach Antagnod und Barmasc in ca. 1½ Std. Mit öffentlichen Verkehrsmitteln eher schwierig. Mit dem Zug nach Verres und von dort mit dem Bus nach Antagnod bzw. Pilaz und von dort mit dem lokalen Bus weiter.

Gipfel
Monte Zerbion (2719 m)

Gehzeiten
Barmasc – Colle Portola 1½–2 Std., Colle Portola – Gipfel 1 Std., Abstieg 2 Std.

Beste Jahreszeit
Mai bis Oktober

Karten
Istituto Geografico Centrale 1:25 000, Nr. 108 »Cervino – Matterhorn« und 1:50 000, Nr. 5 »Cervino-Matterhorn e Monte Rosa«

Rechte Seite: Der Monte Zerbion wartet mit einer ungewöhnlichen, aber genauso beeindruckenden Sicht auf das Matterhorn (auf Italienisch Monte Cervino) auf.

Nicht nur Bergtour, sondern auch Pfad der Besinnung ist der Weg auf den Monte Zerbion für gläubige Katholiken (rechts).

Auf der Nordseite des Aostatals gelegen, stellt der Monte Zerbion ein Ausflugsziel dar, welches nicht nur zum Kapitel des Gran Paradiso passen würde, sondern auch zum Wallis. Denn eigentlich liegt der Berg näher am Monte-Rosa-Gebiet als am Paradiso. Aber der Zerbion ist eben ein echter Italiener, deshalb wird er auch hier beschrieben. Ein lohnendes und etwas anderes Ziel ist er allemal.

Alte Wasserwege und neue Kreuzwege Der Monte Zerbion liegt als einziger der in diesem Kapitel beschriebenen Gipfel und Wanderungen außerhalb des Gran-Paradiso-Nationalparks. Gestartet wird im Ayas-Tal, im Winter ein bekanntes Skigebiet und ungefähr eine Autostunde von Aosta entfernt. Das Ausgangsörtchen Barmasc liegt oberhalb des Skiortes Antagnod und ist für viele Italiener ein beliebtes Ausflugsziel. Startet man aber schon früh am Morgen vom großen Parkplatz auf 1840 Metern Höhe, so ist man meist allein unterwegs und kann die Morgenstimmung in dieser großartigen Landschaft genießen. Schon jetzt sind die Gletscher der Südseite des Monte-Rosa-Gebiets gut sichtbar und lassen erahnen, dass diese Tour noch mit ganz anderen außergewöhnlichen Ausblicken aufwarten wird.

Den Wegnummern 105 und 2 folgend führt zunächst ein breiter Alp- und Forstweg nach Westen, vorbei an schönen Wiesenflecken, welche später am

Tag ausgiebig von den Ausflüglern als Picknickplätze genutzt werden. Jetzt ist es aber noch ruhig und angenehm kühl. Schon nach einigen Minuten verlässt man den Fahrweg, kreuzt einen kleinen Wasserlauf und trifft auf ein Schild, welches erklärt, dass es sich dabei um ein Aquädukt namens Il Ru Courtod handelt, welches schon im 14. Jahrhundert erbaut wurde, um das 25 Kilometer entfernte, trockene St. Vincent im Aostatal mit Wasser des Ayas-Tales zu versorgen. Wieder ausgegraben und renoviert, bietet der Verlauf heute einen schönen Panoramaweg für Wanderer und Biker.

Einige Meter weiter trifft man dann schon auf die nächste Besonderheit dieser Tour. Der Wanderer wird darauf hingewiesen, dass hier jeden Sonntag nach Mariä Himmelfahrt eine Kreuzwegprozession stattfindet, und es wird darum gebeten, ein Stück Holz mit nach oben zu tragen, damit die Freiwilligen droben für die Pilger Pasta kochen können – wie gesagt, ein be-

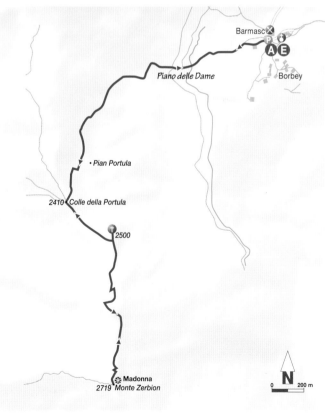

Nach dem Kreuz folgt die Madonna – überdimensional empfängt sie den Wanderer auf dem Gipfel des Monte Zerbion.

sonderer Berg eben. Der Kreuzweg selbst ist bis zu seinem Ende mit zwölf kunstvoll in schwarzem Granit gearbeiteten Tafeln ausgestattet; eine rote Rose, jeweils vor die Tafel gepflanzt, rundet das stimmungsvolle Bild ab.

Dem Wege des Herren folgend führt der Weg nun in angenehmer Steigung bis auf eine Höhe von 2240 Metern. Die Waldgrenze hat man inzwischen hinter sich gelassen, und die Sonne scheint auf den Colle Portola, welches das nächste Ziel markiert. Zuvor wird es aber steiler und felsig. Der Weg kann bei Nässe unangenehm sein und ist dann mit Vorsicht zu begehen. Nach einigen steilen Kehren steht man auf dem Colle (2410 m) und dem Grat, welcher den Monte Zerbion mit der Cima le Tantanè verbindet. Der Blick nach Westen und Süden öffnet sich, Gran Paradiso, die Vanoise und der Mont Blanc sind in der Ferne zu erkennen. Dem Grat nach Süden folgend erreicht man problemlos das Ende des Kreuzwegs, welcher aber nicht auf dem Gipfel des Zerbion liegt, sondern auf einer Erhebung des Grates. Das in Stein gefasste Kruzifix vor dem Monte-Rosa-Massiv markiert diesen Punkt eindrücklich. Die Christusfigur am Kreuz selbst jedoch blickt nach Süden zum Gran Paradiso.

Die Wallfahrt nimmt kein Ende Erst wenn man dem Weg weiter folgt und den Vorgipfel umrundet, kommt der Hauptgipfel des Zerbion in Sicht – und überrascht mit einer überdimensionalen Gipfelmadonna. Wen wundert es, dass auch hierher ein mit gemeißelten Granitplatten gesäumter Weg führt – der Marienweg. Hat man den Gipfel erreicht, muss man zugeben, dass die Italiener sich einen überaus schönen und aussichtsreichen Platz für ihre Madonna ausgesucht haben. Da der Gipfel so singulär steht, ist der Rundblick einfach umwerfend und es lohnt sich, eine längere Brotzeit einzuplanen, um ihn zu genießen. Selbst das Matterhorn zeigt sich in voller Pracht – wenn auch aus einer etwas ungewöhnlichen Perspektive.

Wenn der Gipfel sich im Laufe des Vormittags langsam mit Besuchern zu füllen beginnt, ist das ein untrügliches Zeichen, dass es Zeit wird, sich wieder auf den Weg ins Tal zu machen. Aber auch dieser Abstieg wird wahrscheinlich durchaus interessant. Denn was einem nun aufsteigend begegnet, ist ein Spiegel der italienischen Gesellschaft: Jung und Alt, Fit und Fett, in den Kraxen Kinder und Hunde – alles scheint sich auf diesen Berg zu quälen, um der Heiligen Maria zu huldigen. Und sollten Sie auf dem Parkplatz in Barmasc ihr Auto nicht sofort wiederfinden – nur die Ruhe, es ist schon noch da, hat sich nur einfach ein wenig zwischen zahlreichen anderen Autos versteckt. *–sh–*

Morgens ist es noch einsam – wer früh unterwegs ist, kann Ruhe und Morgenstimmung am Monte Zerbion genießen, bevor die Massen den Berg stürmen.

6.6

Via Ferrata Béthaz-Bovard

1850 Stufen in den Himmel

| mittel | 6–7 Std. | 950 Hm |

Tourencharakter
Moderner Klettersteig mit vielen
Steighilfen (Eisenbügel) durch
kompakten Fels, teilweise ganz
schön steil (KS C)

Ausrüstung
Komplette Klettersteigausrüstung
inkl. Helm

Ausgangspunkt
Valgrisenche (1664 m), Hauptort
des gleichnamigen Tals, Straße
(30 km) vom Aostatal; Parkplatz
beim »Vieux Quartier«

Gipfel
Becca dell'Aouille (2605 m)

Gehzeiten
Valgrisenche – Gipfel 3½–4 Std. –
Abstieg nach La Béthaz 2 Std. –
Rückweg Valgrisenche ½ Std.

Beste Jahreszeit
Juni bis September

Karte
Istituto Geografico Centrale
1:25 000, Nr. 102 »Valsavaranche, Val di Rhêmes, Val Grisenche«

1000 Höhenmeter, 1300 Meter Drahtseil, 1850 Stahlbügel, das sind die technischen Daten dieses »Eisenweges« im Valgrisenche, zwei Täler westlich des Gran Paradiso. Trotz Eiseneinsatz kommt hier Kletterspaß auf – und neben müden Armen und Beinen gibt es auch jede Menge alpines Ambiente.

Da soll ein toller Klettersteig sein? Ein grüner Hang, von felsigen Platten durchsetzt, zieht über der Kirche mit dem aus Natursteinen gemauerten Turm nach oben. Es kommt immer darauf an, was man daraus macht – hier ist dieser Job gelungen. Auch der Zustieg könnte kürzer nicht sein: Ein paar Minuten vom Parkplatz bei der Festung nur, dann gehen die Drahtseile schon los – direkt beim Fontina-Laden, man könnte sich für die Brotzeit noch mit der würzigen Aostatäler Käsespezialität eindecken. Im ersten Viertel der Route geht es gleich voll zur Sache: Dank der Eisenbügel kann man sogar senkrechte und überhängende kompakte Granitplatten erklimmen, und das darf man hier auch. Dazwischen heißt es aufpassen, denn vor allem nach Regen läuft gelegentlich Wasser über den Fels – zusammen mit den auf Granit wachsenden Flechten eine rutschige Sache.

Immer wieder gibt es Ruhepausen Grasige Bänder mit Alpenrosen und Lärchen unterteilen die Route in vier Abschnitte ähnlicher Länge. Nach dem ersten Steilaufschwung kreuzt man den Weg Nummer 17, auf dem noch

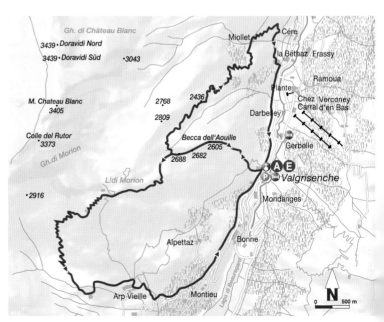

umdrehen könnte, wer vom Auftakt eingeschüchtert ist. Der nächste Abschnitt führt hinauf zum Grasband der »Grandes Laures« (im Aostatal spricht man Französisch…) wo sich schon der Blick nach Norden öffnet, auf Grand Combin, Matterhorn und weitere Eisgipfel des Wallis. Der dritte Abschnitt, leicht nach rechts absteigend erreicht, ist der Höhepunkt: Über eine gewaltige, kompakte Platte hinauf ziehen die Eisensprossen, oben knapp an die Senkrechte heranreichend. Wer schon immer mal wissen wollte, was der Begriff »ausgesetzt« bedeutet – hier kann man's erfahren.

Am Schluss wird's noch alpin Die letzten knapp 300 Höhenmeter bieten keine nennenswerten Ferrata-Schwierigkeiten mehr; stattdessen kraxelt man entlang eines blockigen Felsgrates, mal mit den Händen am Drahtseil, mal (und immer öfter) am Fels. Auf dem Gipfel mit seinem zugegeben nicht gerade romantischen SIP-Reflektor wird man lange sitzen und 4000er-Panorama und Stauseeblick genießen. Wer noch Energie hat, wählt den langen Rückweg, noch mal 300 Höhenmeter zu den Morion-Seen und über die Alp Arp Vieille zurück; schneller geht's auf dem Weg Nr. 18 nach Béthaz – ein guter Tag war's so oder so. *–ad–*

Romanisch – mehr Freude am Klettersteig

Italiener bauen ihre neuen Klettersteige gern nach französischem Vorbild: Das Drahtseil dient hier nur der Sicherung, und man »klettert« tatsächlich, wenn auch an Stahlbügeln und Trittstufen. Ein gänzlich anderes Konzept als in Deutschland und Österreich, wo man sich am womöglich etwas wackligen Drahtseil den glatten Fels hinaufzerren muss. Anstrengender ist die germanische Variante, aber auch hässlicher in der Bewegung und bei Nässe rutschgefährlich – die romanische Version taugt für mehr Spaß – vor allem, wenn sie durch solches Gelände wie hier führt.

Von den Grands Montes gesehen,
präsentiert sich das Mont-Blanc-Massiv
als Felsbastion; aber auch mit
dem freundlichen Bossesgrat von rechts.

7. Frankreich: Mont Blanc (4810 m)

7. Mont Blanc (4810 m)

Frankreich

Wenn man zum ersten Mal aus der Schweiz über den Col des Montets kommt, stockt einem schier der Atem. »Groß und prächtig, schicksalsmächtig«, um einen bekannten Liedermacher zu zitieren, präsentieren sich die von Gletschern bedeckten Berge oberhalb von Argentière und Chamonix. Wie eine Rakete ragt die Gipfelstation der Aiguille du Midi in den Himmel, und in hellem Weiß leuchten die Gletscher vom höchsten Massiv der Alpen. Chamonix und das Mont-Blanc-Massiv werden nicht ohne Grund als das Dorado für Alpinisten bezeichnet. Bergsteigen hat hier eine lange Tradition, und schon

Abendromantik – der Mont Blanc du Tacul, kleiner Bruder des großen Seven Summit, präsentiert sich im letzten Licht des Tages.

früh gab es erste Erkundungen und Besteigungsversuche am höchsten Bergmassiv Europas.

Das Mont-Blanc-Massiv ist das westlichste Hochgebirgsmassiv der Alpen und mit 4810 Metern der Mont Blanc deren höchste Erhebung. Die Grenzen der drei Länder Frankreich, Schweiz und Italien treffen auf dem Mont Dolent (3820 m) aufeinander. Über den Gipfel des Mont Blanc verläuft die Grenze zwischen Italien und Frankreich. Das Tal der Arve begrenzt die Mont-Blanc-Gruppe im Nordwesten; dort liegt auch Chamonix, einer der wichtigsten Ausgangspunkte für Bergtouren aller Art. Im Südosten und Osten verläuft das Val Ferret; dort ist das italienische Courmayeur wichtiger Ausgangsort. Elf eigenständige Gipfel des Massivs ragen über 4000 Meter Höhe auf und bieten eine Vielzahl von Routen verschiedenster Schwierigkeitsgrade in Fels und Eis – eine gigantische Spielwiese für Alpinisten also.

Durchwegs vergletschert präsentieren sich die Berge der Mont-Blanc-Gruppe. Aber auch hier haben Klimaerwärmung und Rückgang des Permafrostes ganze Arbeit geleistet. Sie sorgten in den letzten Jahrzehnten dafür, dass sich das Bild der Berge und Gletscher sichtbar veränderte. So reichte der Bossonsgletscher Ende des 19. Jahrhunderts noch bis ins Tal auf 1050 Meter Höhe

Aus A. Römers Tagebuch

»In der Hochsaison nach zwei Tagen schlechten Wetters ein Lager auf der Gôuter-Hütte zu bekommen, ist ungefähr so wahrscheinlich wie einen Deutsch sprechenden Franzosen zu treffen. Wir hatten Glück und waren froh, uns nicht mit weiteren 50 Bergsteigern ein Notlager im Speiseraum teilen zu müssen. Am besten frühzeitig einen Platz reservieren!«

hinab. Inzwischen hat er sich weit zurückgezogen und endet knapp unter 1400 Metern. Der Rückgang des Permafrosts sorgt für einen steten Zerfall der Felsregionen. Trauriger Höhepunkt dieser Entwicklung sind die Felsstürze an der Westwand des Petit Dru in den Jahren 1997 und danach. Nicht nur, dass solch gewaltige Felsstürze die Menschen im Tal gefährden – in diesem Fall wurden auch berühmte Kletterrouten wie der Bonattipfeiler oder die Direttissima an der Westwand ausgelöscht und sind nun Geschichte. Erschlossen ist das Mont-Blanc-Massiv durch eine Vielzahl von Hütten und Biwakschachteln, die als Ausgangspunkte für Bergtouren und

Himmelbastion und Tor zum Bergsteigerglück: 2800 Meter ragt die Aiguille du Midi über dem Talboden von Chamonix auf.

Traumberg und gleichzeitig trauriges Beispiel des Klimawandels: Deutlich sieht man an der Westwand des Petit Dru die Spuren der massiven Felsstürze.

Informationen

Talort
Chamonix (1037 m)

Anfahrt
Mit dem Pkw durch die Schweiz bis Martigny und über den Col des Montets nach Chamonix; der Bergsteigerort ist auch gut mit Bahn und Bus zu erreichen.

Beste Zeit
Juni bis Anfang Oktober; Wanderungen z. B. an den Aiguilles Rouges können auch noch davor oder danach unternommen werden.

Kartenmaterial
IGN 1:25 000, Blatt 3551 »ET St-Gervais«, 3530 »ET Samoens«, 3630 »OT Chamonix«

Tourismus-Information
Office de Tourisme Chamonix, Tel. 00 33/4 50/53 00 24, www.chamonix.com
Office de Haute Montagne Chamonix, Tel. 00 33/4 50/53 22 08, www.ohm-chamonix.com

Führer
Pierre Millon »Ranondées sur les balcons du Mont Blanc« (in Chamonix auch in Deutsch erhältlich); H. Eberlein »Gebietsführer Mont-Blanc-Gruppe« und »Wanderführer Mont Blanc«, beide Bergverlag Rother

Kletterereien dienen. Auch wenn heute mit den Bergbahnen von Chamonix und Entrèves ein schneller Zugang ins Hochgebirge möglich ist, so sind diese Hütten für einen frühen Start zu den Touren unverzichtbar.

Chamonix – Zentrum für Touristen und Bergsteiger Zu Beginn des 18. Jahrhunderts war Chamonix noch ein kleines Bauerndorf zu Füßen des mächtigen Berges; erst als englische Adlige 1741 das Tal entdeckten, begann eine rasante Entwicklung, die der Fremdenverkehr prägte. Aus den Bauern, Jägern und Mineraliensammlern wurden Bergführer für reiche Touristen. Daran hat sich bis heute nicht wirklich viel geändert. Bergführer ist in Chamonix inzwischen ein angesehener und einträglicher Beruf. Immer noch kommen Engländer nach Chamonix – viele bleiben sogar, um hier zu leben. Die Touristen stammen inzwischen aus aller Welt, und entsprechend vielfältig ist das Sprachengewirr in den Gassen und Cafés. Der Ort hat sich zu einer internationalen Tourismusdestination mit entsprechender Infrastruktur – und entsprechenden Preisen – entwickelt.

Über die Jahrzehnte sind im Ort verschiedenste Baustile entstanden, und beim Durchstreifen der Stadt stößt man auf jahrhundertealte Kirchen und Kapellen, luxuriöse Hotels aus der »Belle Époque«, Art-déco-Fassaden, alte Bauernhöfe, mächtige Villen, traditionelle Chalets und moderne Immobilien – eine Kultur zwischen Tradition und Moderne. Für den Bergsteiger und Wanderer ist insbesondere das Maison de la Montagne interessant, welches ein toll aufbereitetes Informationszentrum beherbergt, Bergführer vermittelt und kompetent über aktuelle Bedingungen in den Bergen informiert. Zudem gibt es kostenfrei Zugang zu Tourenbeschreibungen, Topos und Kartenmaterial für die Vorbereitung von alpinistischen Aktivitäten.

Die Seilbahn auf die Aiguille du Midi ist für viele Touristen das absolute Highlight in Chamonix. In zwei Etappen befördert sie die Menschen von 1038 Metern auf 3776 Meter Höhe. Für manche Gäste wird dort oben die Luft schon dünn. Für die Bergsteiger aber sichert sie einen schnellen Zugang zu den hohen Regionen des Mont Blanc und die Verwirklichung ihrer Träume. Chamonix ist aber nicht nur ein Ziel für Bergsteiger. Auch der Wanderer findet hier zahlreiche Möglichkeiten, um seiner Passion zu frönen. So bieten die dem Mont Blanc gegenüberliegenden Aiguilles Rouges hervorragende Möglichkeiten für Ein- und Mehr-Tage-Touren. Der im Norden gelegene Col des Montets und Vallorcines sind ebenfalls berühmte Wanderparadiese, und im Süden locken die Wandergebiete von Les Contamines Montjoie, der Chaînes des Aravis, des Tête du Colonney und des Tête de l'Ane.

Mont Blanc – die höchste Herausforderung Viele Bergsteiger träumen davon, zumindest einmal im Leben auf dem Mont Blanc zu stehen – ist er doch der höchste Gipfel in den Alpen. Die erste Besteigung gelang Jacques Balmat und Michel-Gabriel Paccard im Jahr 1786 mit einer Ausrüstung, die heutzutage unvorstellbar ist; 1808 erreichte Marie Paradis als erste Frau den Gipfel. Fünf Routen führen als »Normalwege« auf den Gipfel. Zudem gibt es eine ganze Reihe höchst anspruchsvoller Anstiege, wie den Frêneypfeiler, den gesamten Peutereygrat oder die Brouillardflanke. Viele namhafte Bergsteiger haben am Mont Blanc und seinen Trabanten ihre Spuren hinterlassen – Whymper, Mummery, Rébuffat, Bonatti und viele andere gehören dazu.

Der Mont Blanc sieht heutzutage sommers wie winters Tausende Besucher, und die Hütten, von denen aufgestiegen wird, sind oft überfüllt. Trotzdem ist der »Weiße Berg« immer noch eine ernsthafte hochalpine Unternehmung mit allen Gefahren des Hochgebirges. So werden die Exponiertheit nach Westen und die große Höhe oft unterschätzt. Wetterstürze am Mont Blanc sind besonders intensiv, und auch bei schönem Wetter herrschen in dieser Höhe oft starke Winde. Temperaturen können auch im Sommer bis unter minus 20° C fallen. Eisstürze und Lawinen sind in den letzten Jahren, insbesondere am Mont Maudit bei der Überschreitung, eine weitere zu beachtende Gefahr. Ist man aber gut vorbereitet, ausgerüstet und akklimatisiert, dann steht einem großartigen Erlebnis (fast) nichts mehr im Weg…

Wenn man diesen Anblick sieht, ist es bald geschafft – trotzdem zieht es sich noch von den Bosses bis zum Mont-Blanc-Gipfel.

7.1 Mont Blanc (4810 m) Überschreitung

Höher geht's nicht – und schöner kaum

mittel mittel 4+10 Std. 1500+1350 Hm

Tourencharakter
Mittelschwere Hochtour (WS, Stellen II, 40°) auf großer Höhe; bei der Überschreitung Stellen bis 45° im Firn/Eis

Ausrüstung
Hochtourenausrüstung mit Gletscherseil, Steigeisen, Pickel und einigen Eisschrauben; Helm fürs Couloir

Ausgangspunkt
Les Houches (993 m), Talstation der Bellevue-Seilbahn (Busverbindung von Chamonix, 10 km). Von der Bergstation weiter mit der »Tramway du Mont Blanc« zur Station Nid d'Aigle (2372 m)

Endpunkt
Evtl. Aiguille du Midi, Seilbahn-Bergstation (3795 m); dann mit der Bahn nach Chamonix

Gipfel
Mont Blanc (4810 m)

Gehzeiten
Nid d'Aigle – Ref. Tête Rousse (3167 m) 2 Std. – Ref. du Goûter (3835 m) 2 Std. – Ref. Vallot (4362 m) 2–2½ Std. – Gipfel 2–2½ Std. – Abstieg bis Nid d'Aigle 5–6 Std. Überschreitung: Mont Maudit 1½–2 Std. – Tacul 1½–2 Std. – Aiguille du Midi 2 Std.

Hütte
Refuge de Tête Rousse (3167 m), Tel. 00 33/(0)4/50 58 24 97, refugeteterousse.ffcam.fr
Refuge du Goûter (3835 m), Reservation zwingend, nur über Internet, refugedugouter.ffcam.fr
Refuge des Cosmiques (3613 m), Tel. 0033/(0)4/50 54 40 16

»Ein fader Hatscher! Wenn er nicht der Höchste wäre, ginge da keiner hinauf«, so mag man es lästern hören über den Riesen von Chamonix. Ein unberechtigter Vorwurf! Der elegante Bossesgrat bietet alle Freuden einer grandiosen Hochtour, die Überschreitung setzt noch eins drauf. Nur können sollte man's – und gut vorbereitet sein.

Was für ein Berg! Nein: Kein Berg, ein Massiv, ein Gebirge! Selbst mit einem flotten Auto wäre man einen Tag lang unterwegs, wollte man den Mont Blanc umrunden, der als gewaltiger Klotz zwischen dem Genfer See und dem Aostatal hockt und die Trabanten seiner Gruppe um 600 Meter überragt. Kaum glaubliche 3800 Meter sind es von »Cham«, der selbst ernannten »Welthauptstadt für Ski und Alpinismus«, bis zum Gipfel – ein voller Großglockner. »Wir bemerkten über den Gipfeln der Berge, rechts vor uns, ein Licht, das wir nicht erklären konnten. Hell, ohne Glanz wie die Milchstraße, fast wie die Plejaden, nur größer, unterhielt es lange unsere Aufmerksamkeit, bis es endlich, da wir unsern Standpunkt änderten, wie eine Pyramide, von einem innern geheimnisvollen Lichte durchzogen, das dem Schein des Johanniswurms am besten verglichen werden kann, über den Gipfeln aller Berge hervorragte und uns gewiß war, daß es der Gipfel des Montblanc war.«

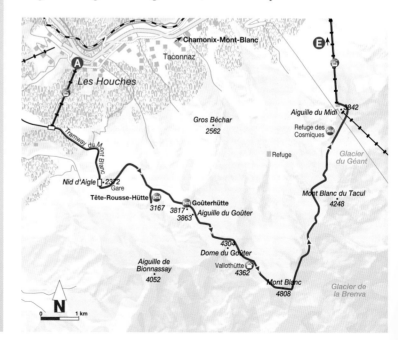

So schilderte Johann Wolfgang von Goethe in einem Brief an Freifrau von Stein seine nächtliche Ankunft im Tal der Arve, und überirdisch mag der Mont Blanc auf manchen Aspiranten wirken, der dem Objekt seiner Begierde erstmals gegenübersteht.

Egal, von wo aus man ihn sieht: Der Mont Blanc steht unfassbar hoch und elegant über seiner Umgebung – und begeistert auch bergsteigerisch.

Hart, aber gerecht Oder auch: zugänglich, aber nicht ohne Anspruch. So öffnet sich der höchste Alpengipfel seinen Besuchern. Der Normalweg über die Goûterhütte stellt keine unzumutbaren Ansprüche – mit leichter Kletterei (Stellen im II. Grad) sollte man freilich zurechtkommen, und am Gipfelgrat auch auf schmalerer Firnschneide und im 40-Grad-Gelände nicht ins Wanken geraten. Es gibt (viele) schwierigere 4000er – aber keinen höheren. Und wenn man nach 1500 Metern Anstieg auf der Goûterhütte übernachtet und danach nochmals 1000 Meter vor sich hat, sollte die Akklimatisation schon vorher organisiert worden sein. Zumal der Schlaf im notorisch überfüllten Réfuge nicht unbedingt erholsam ist ... Nicht allzu leichtfertig sollte man sich also dem »Chef der Alpen« nähern, sondern als rundum solider Bergsteiger, dann kann es eine freudige Begegnung werden.

Wieder hilft die Seilbahn Gemütlich schwebt man von Les Houches hinauf zum Belvédère, dann zuckelt man mit der »Tramway du Mont Blanc« noch hinauf zum Nid d'Aigle, dem Adlernest auf 2300 Metern, und hat schon ein Drittel der Höhendifferenz hinter sich. Doch der Rest ist Steigen: zunächst auf gemütlichem Wanderweg raus aus den letzten Alpenwiesen, in großem Bogen durch eine Schotterwüste und mit erster Gletscherberührung hinauf zur Tête-Rousse-Hütte. Viele ziehen von hier aus gleich durch zum Gipfelstützpunkt Goûterhütte, was den Tag gut ausnützt, aber auch bedeutet, dass man zu gefährlicher Nachmittagszeit die eigentliche Schlüsselstelle passieren muss: Das große Couloir, das von der Aiguille du Goûter herunterzieht, ist als unberechenbarer Steinewerfer verschrien; jedes Jahr kommt es dort zu

Der Bossesgrat ist ein Musterstück eines klassischen Hochgebirgsgrates; doch Einsamkeit wird man hier bei guten Verhältnissen vergebens suchen.

Goûterhütte: High-Tech auf großer Höhe

Am 28. Juni 2013 eröffnete der Neubau der Goûterhütte – wichtigster Stützpunkt für Mont-Blanc-Aspiranten und höchste bewirtschaftete Hütte in den französischen Alpen. Ingenieure verschiedenster Fachrichtungen konzipierten die ultramoderne Silberkapsel als energieeffizientes, CO_2-begrenztes Projekt für Energie-Autonomie im Hochgebirge. Solarenergie für Strom und Warmwasser, ergänzt durch Biomasse; Niedrigenergiebauweise, Recycling und Abwasserklärung – und die Konstruktion mit vorgefertigten Teilen aus heimischen Hölzern sparte 30 Prozent Hubschrauberflüge beim Bau.

schweren Unfällen. Zwar sichern Seile die 50-Meter-Querung, aber je nach Ausaperung hängen die in ungünstiger Höhe, sodass mancher ungesichert auf der Hartfirn-Rutschbahn hinübertappt, als prächtige Tontauben-Zielscheibe wie die kleinen Blechtierchen in der Schießbude. Wie man's macht, ist es heikel: Eine Akklimatisationsnacht auf Tête Rousse und Couloirquerung am frühen Morgen ist sicher nicht die schlechteste Idee.

Auch Felsen gibt es am Normalweg Gut markiert schlängelt sich der Hüttenzustieg durch die dunkle Flanke der Aiguille du Goûter, stellenweise sind sogar eiserne Trittstufen eingebaut, aber gelegentlich muss auch mal die Hand an den Fels. Und dass die Hütte höher liegt als die höchsten Gipfel Österreichs, macht sich auch langsam bemerkbar. Wie eine Raumstation hockt der silberglänzende Neubau auf der Aussichtskanzel hoch über dem Tal von Chamonix. Ob er dem legendären Gedränge ein Ende machen wird, ist leider fraglich: An schönen Tagen stürmen schon mal zwei-, dreihundert Alpinisten den Gipfel Europas – und bei 120 Schlafplätzen werden wohl auch die Notlager auf oder unter den Tischen weiterhin begehrt bleiben.

Jede Nacht geht vorbei Zu einer Zeit, wo in der Disco erst richtig der Punk abgeht, tritt man hinaus in die eisige Nacht, hoch über dem Tal, dessen Schwärze von den Lichtern der Häuser und Autos unterbrochen wird. Die Querung zum sanften Hang des Dôme du Goûter kann man auch im Halbschlaf erledigen, genau wie den Gletscheranstieg auf diese Kuppe und zur Vallothütte – sie ist eine Notunterkunft, nicht mehr! Ein Blick hinein wird es bestätigen. Langsam erwacht das Tal, noch im Schatten des Gipfels, der als gewaltiger Kegel auf dem Alpenvorland liegt. Die Hälfte ist geschafft, eine Pause lohnt, denn jetzt wird es ernst: Die »Bosses«, zwei firnige Kamelhöcker, die dem Normalanstieg den Namen gaben, bringen die ersten Steilstücke, dann wird der Grat auch noch schmal; oft sind die letzten 100 Meter zum Gipfel ein echter Balanceakt. Umso verblüffender: Auf dem breiten Gipfelplateau könnte man Frisbee spielen. Falls man noch Luft hat. Und nicht mit dem Genuss der Aussicht voll beschäftigt ist. Hunderte 3000er und 4000er reihen sich von Nord bis Süd: Berner und Walliser Alpen, Gran Paradiso und Vanoise, im Westen läuft das Alpenvorland hinter dem Genfer See in sanften Wellen aus – Top of Europe eben…

Top of Europe! Um 600 Meter überragt der Mont Blanc alle seine Trabanten, erst weit im Wallis gibt es höhere Gipfel – und nicht viele geräumigere.

Steigerung für den Abstieg gefällig Die Überschreitung zur Aiguille du Midi setzt dem Erlebnis noch eine Abrundung obendrauf, ist bei guten Verhältnissen angenehmer und schneller, ohne wirklich viel schwieriger zu sein. Auf breitem Hang hinunterschlendern zur Mur de la Côte, ein kurzer Gegenanstieg zum Mont Maudit und durch seinen Nordhang steil hinunter. Die oberen Meter fordern sicheren Stand, manchmal helfen hier Sicherungsstangen. Auch am Mont Blanc du Tacul wartet noch mal ein steiler Gletscherhang mit großen Spalten, die von den örtlichen Bergführern aber oft mit Fixseilen ausgerüstet werden. Der Gegenanstieg zur Seilbahnstation saugt noch einmal Kraft unter nachmittäglicher Sonne – was soll's: Das war der Mont Blanc! *–ad–*

7.2 Col des Montets – Lac Blanc

Die große Schau-Promenade

leicht   **5–6 Std.**   **950 Hm**

Tourencharakter
Großartige Aussichtswanderung auf ordentlichen Bergwegen (T2); der Aufstieg über die Leitern fordert mehr Trittsicherheit (T3).

Ausgangspunkt
Col des Montets, Parkplatz etwas südlich der Passhöhe (1430 m), Busverbindung von Chamonix

Endpunkt
Evtl. Seilbahnstation L'Index (2385 m), von hier Sessellift und Seilbahn nach Les Praz de Chamonix (1060 m), Busverbindung

Gipfel
Evtl. Tête sur les Lacs (2506 m), eine schwach ausgeprägte Kuppe, zu erreichen in 30 Min. vom Lac Blanc (2352 m) über unschwieriges, felsdurchsetztes Gelände.

Gehzeiten
Col des Montets – Lac Blanc 2½–3 Std., zurück 2 Std.; zum Index 1 Std.

Hütte
Refuge du Lac Blanc (2352 m), Tel. 00 33/(0)4/50 53 49 14, refugedulacblanc@gmail.com

Karte
IGN 1:25 000, Nr. 3630 OT »Chamonix«

Prächtige Berge hüben und drüben, leuchtende Blüten zu Füßen – der »Grand Balcon Sud« bietet Augenfreuden in Nah- und Ferndimension.

Es ist wohl die berühmteste Aussichtswanderung im Gebiet von Chamonix – und das mit Recht: Während der gesamten Strecke vom Col des Montets zum Lac Blanc rollt sich das Panorama der charakteristischen Gipfel der Mont-Blanc-Gruppe auf – bis zum Höhepunkt, dem Bergsee mit dem Spiegelbild des »Weißen Berges«.

Ein Naturschutzgebiet für Menschen Die »Réserve des Aiguilles Rouges«, macht aus dem beliebtesten Wanderklassiker der Region ein Schaustück in zwei Dimensionen: einmal die ganz große Show drüben mit Felsnadeln und Gletscherströmen; und dann der Blick in die Nähe, auf Blüten und Schmetterlinge, Steinböcke und Murmeltiere. Man sollte sich einen vollen Tag Zeit nehmen, um die Vielfalt dieser Schönheiten zu erkunden.

Die Leitern im Aufstieg Das ist eine gute Devise. Zwei Wege führen vom Col des Montets zum Lac Blanc: der »Grand Balcon Sud« mit einem Steilhang zu Anfang, dann fast eben; der untere Weg gleichmäßiger ansteigend und mit ein paar Leitern gewürzt. Wer den Lac Blanc nicht nur als Kurztrip erleben will, von der Seilbahnstation L'Index oder mit Abstieg dorthin, wer also wieder zurück möchte zum Col des Montets, der nimmt besser den konzentrationsbedürftigeren Leiterweg im Aufstieg und den Schlenderpfad zurück. Wirklich schwer ist keiner von beiden, und beide sind gut markiert. Von den Häusern von Tré-le-Champ führt der Sentier des Chéserys gemütlich bergan durch eine alpine Prärie mit Alpenrosen und Lärchen. In den Wiesen liegen Felsblöcke und von einstigen Gletschern polierte Felsplatten. Wo sie enger zusammenrücken, helfen sanft geneigte Leitern oder auf die Felsplatten montierte Stufen aus Holzbohlen – ein Klettersteig wäre wilder.

Vorbei am kecken Felszahn der Aiguillette d'Argentière, dann ein etwas steilerer Anstieg – und spätestens jetzt ist eine längere Rast angesagt: Die blauen Augen der Lacs de Chéserys sprenkeln die grüne Mulde, vom Wollgras weiß be-

tupft, und drüben reihen sich: Aiguille und Glacier du Tour, die nördlichsten Bastionen, dann die Felsenhörner von Chardonnet und d'Argentière über dem zerrissenen Argentièregletscher, die glänzende Kalotte der Verte, die Bischofsmütze der Drus mit der bösen Bergsturznarbe, der grauweiße Schwung des Mer de Glace zu den Pfeilern der Jorasses-Nordwand, das Nadelgezack der Aiguilles, und zuletzt er – der Monarch, in sich ruhend in der dreifachen Staffelung seiner Trabanten. Später am Lac Blanc gibt es das tausendfach umschwärmte und fotografierte Spiegelmotiv, gibt es eine Berglerbrotzeit im Refuge – besser kann es nicht mehr werden!   *–ad–*

Die Hütte am Lac Blanc ist mittlerweile etwas großzügiger ausgebaut, die Aussicht hat nichts von ihrer Eindrücklichkeit verloren.

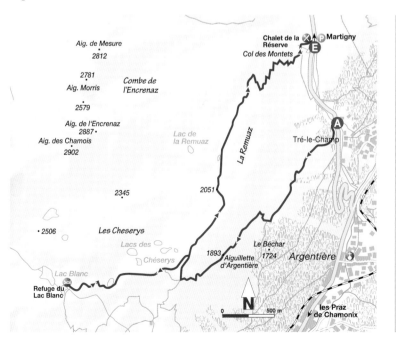

Naturpark Aiguilles Rouges

Die Aiguilles Rouges, die Bergkette gegenüber der Mont-Blanc-Gruppe auf der anderen Seite des Arvetales, sind ein besonderer alpiner Lebensraum und beherbergen drei Naturschutzgebiete. Das älteste ist die »réserve naturelle des Aiguilles Rouges«, 1972 begonnen, 1974 offiziell ausgewiesen. Man findet eine vielfältige Alpenflora, weite Felder von Alpenrosen und Wacholder, hier leben Auerhahn, Schneehuhn und -hase, Steinböcke und Adler. Im Chalet de la Réserve nahe dem Col des Montets kann man mit Schautafeln, Animationen und Mikroskopen mehr erfahren.

7.3

Refuge de Leschaux und Refuge du Couvercle

Ins Herz des eisigen Meeres

schwer   mittel   5–7/11 Std.   800/1100 Hm

Tourencharakter
Schwere hochalpine Wanderung (T4). Langer unsteiler Gletscheraufstieg, lange Leiterstrecken (KS B). Der Übergang Leschaux–Couvercle–Charpoua setzt noch eins drauf (T5, KS C).

Ausrüstung
Steigeisen, Klettersteigset und Helm. Pickel und Seil sind bei aperem Gletscher meist nicht nötig.

Ausgangspunkt
Montenvers (1913 m), Zahnradbahn von Chamonix

Gipfel
Hier sind die Hütten die Gipfel.

Gehzeiten
Montenvers – Leschauxhütte 3–4 Std., zurück 2–3 Std. Leschaux – Couvercle 3 Std. (+ 300 HM) – Montenvers 3–4 Std.; Charpoua zusätzlich 3 Std. (+ 400 HM)

Hütten
Refuge de Leschaux (2431 m), Tel. 00 33/(0)6/67 69 18 28
Refuge du Couvercle (2687 m), Tel. 00 33/(0)4/50 53 16 94, refugeducouvercle.jimdo.com
Refuge de la Charpoua (2841 m), Tel. 00 33/(0)6/87 99 01 66

Karte
IGN 1:25 000, Nr. 3630 OT »Chamonix«

Das Mer de Glace ist der prägende Gletscher der Mont-Blanc-Gruppe; von der »Combe Maudit« unter seinen höchsten Nebengipfeln bis auf weit unter 2000 Meter Höhe hinab wälzt sich der Eisstrom. Leitern und Drahtseile führen hoch über ihm und dem Glacier de Leschaux von Hütte zu Hütte – eine außergewöhnliche Aussichtstour!

Westalpine Hüttenanstiege können echte Bergtouren sein, anspruchsvoller als mancher Gipfelgang in den bayerischen Alpen. Das ist bekannt und trotzdem bei jeder Bestätigung wieder eindrucksvoll evident. Die Leschauxhütte war noch vor wenigen Jahren ein bescheidener Verschlag in den Eingeweiden des Massivs; nur Aspiranten auf die Extremtouren in den Steilwänden von Petites und Grandes Jorasses verirrten sich in diesen wilden Winkel. Der Gletscherrückgang machte es im Lauf der Zeit nötig, die Zustiege hier herauf – wie auch zu anderen Hütten über dem Mer de Glace – mit Leitern auszurüsten, denn das felsige Fundament war vom Gletscher rundgeschliffen und haltlos. Und damit wurden die Refuges de Leschaux, Couvercle und Charpoua plötzlich zu Zielen für Klettersteigfreunde – die allerdings auch mit Steigeisen umgehen können sollten.

Steil ist schon der Auftakt Ein paar Meter nur schlendert man von der Station der Zahnradbahn am Montenvers eben dahin, fasziniert vom Felsen-

Mit Leitern beginnt's, am Abstieg von Montenvers zum Mer de Glace mit Blick zur Grands Charmoz (innen). Und Leitern führen auch zum Refuge de Leschaux vor der Grandes-Jorasses-Nordwand (außen).

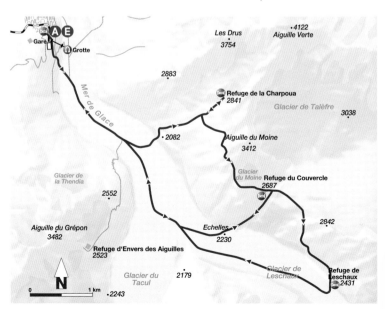

spreißel der Drus, von den Granitflammen der Charmoz, von der alles überdräuenden Jorasses ganz hinten. Dann heißt es schon Konzentration: Gut 100 Höhenmeter führen mehrspurig steile Leitern hinunter aufs Mer de Glace. Von Schutt bedeckt und zerrissen ist der Eisstrom, auf dem man im Winter mit Ski hinuntergleitet; mal ist die Oberfläche raukörnig, nach Regen auch mal glasglatt, Steigeisen sind hier kein Fehler. Drei Stunden Marsch auf dem Eismonster bringen einen hinein ins Herz des Gebirges, ringsum ragen Fels- und Eisberge in den Himmel.

Dann geht es bergauf Ein rotgelber Stern zeigt von Weitem an, wo die Leitern zur Hütte hochziehen, 130 steile, anregende Meter. Von hier kann man die »Balkone« entlanglaufen; ziemlich wild und sparsam markiert zur Couverclehütte, auch nicht ohne, aber mit mehr Eisenhilfen von dort weiter, vielleicht noch bis zur Charpouahütte hinauf, auch solch einer abgelegenen Bergsteiger-Behausung, und dann wieder über Leitern und das Mer de Glace zurück nach Montenvers. Aber man kann sich auch hier auf der Leschauxhütte für eine Nacht einbuchen; die Hüttenwirte sind oft Aussteiger mit Sinn fürs Besondere, ihre Menüs entsprechend exquisit, die Dämmerungsstimmungen um die unfassbare Nordwand der Grandes Jorasses unbeschreiblich – hier schlägt das Herz der Mont-Blanc-Gruppe!   *–ad–*

Welcher Balkon ist der schönste?

Die spektakulären Panoramen der Mont-Blanc-Höhenwege legen es nahe, sie als »Balcon« zu bezeichnen. Die »Balcons de la Mer de Glace« sind dann der logische Abschluss einer möglichen Trilogie: Am ersten Tag den »Grand Balcon Sud«, am besten vom Col des Montets zum Lac Blanc und wieder zurück. Der »Grand Balcon Nord« führt auf der anderen Talseite entlang, am gemütlichsten von der Midi-Mittelstation nach Montenvers. Wer noch mehr Eindrücke will, gibt sich noch die Hüttenwege zur Envers- oder zur Requinhütte – eine Aussichtslogen-Tetralogie …

7.4

Brevent (2424 m) – La Somone

Kletterglück im Angesicht des »Weißen Berges«

leicht   schwer   5–6 Std.   1440 Hm

Tourencharakter
Steile Wanderung (T1) mit alpiner Klettereinlage (V–) über mehrere Seillängen. Wer den unteren V. Grad beherrscht, hat hier richtig Spaß.

Ausrüstung
Zur Standardausrüstung 8 Expressschlingen, Schlingen, Satz Keile, Kletterschuhe

Ausgangspunkt/Endpunkt
Chamonix Breventbahn (1087 m)

Gipfel
Brevent (2524 m)

Gehzeiten
Chamonix – Einstieg (ca. 2360 m), 3 Std., La Somone, 7 SL, 2½ Std. + 5–10 Minuten zum Gipfel

Beste Jahreszeit
Mai bis Oktober

Karten
IGN 1:25 000, Blatt 3630 OT »Chamonix«

Führer
Jean-Louis Laroche/Florence Lelong »Escalades choisis Mont-Blanc – Aiguilles Rouges«, Edition Glénat

Der Brevent kann durchaus als Hausberg von Chamonix bezeichnet werden! Vom Stadtzentrum aus schnell zu erreichen, mit einer Höhe, die unter dem Gletscherniveau liegt, und fantastischen Aussichten auf das Mont-Blanc-Massiv, ist er für Tagestouren aus Chamonix prädestiniert. Egal, ob Wandern, leichtes alpines oder schweres Klettern – ein jeder kommt hier auf seine Kosten.

Mit Seil, Gurt und Helm ist der Seven-Summit-Aspirant sowieso schon ausgestattet, wenn er nach Chamonix kommt. Steckt man noch ein paar Expressschlingen, Keile und die Kletterschuhe in den Rucksack, ist man auch gerüstet fürs Felsklettern – der Brevent bietet hier einige schöne Möglichkeiten in alpinem Ambiente.

Wer diesen Tag »ehrlich« gestalten und das Höhersteigen aus dem Tal genießen möchte, verzichtet auf die Breventbahn und nimmt die gut 900 Höhenmeter zur Mittelstation unter die Füße. Ein guter, aber recht steiler Weg führt von der Talstation zum Planpraz. Direkt unterhalb der Nordwände des Brevent befindet man sich bei diesem Aufstieg. Einige anspruchsvolle Klettertouren führen durch diese Wände. Und wenn man einen Schrei und dann ein lautes Flattern und Rauschen hört, dann ist dies kein Unfall, sondern ein

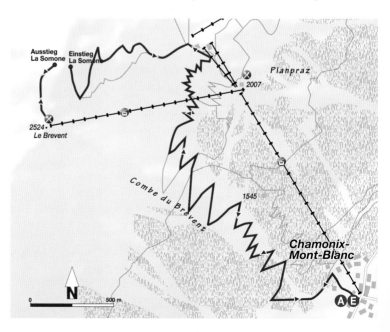

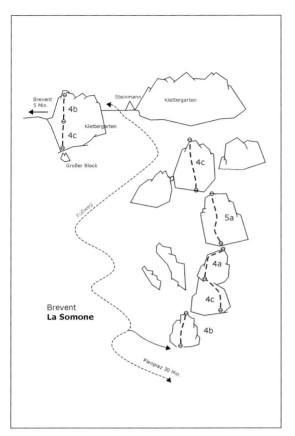

Basejumper, der direkt vom Brevent mit seinem Wingsuit nach Chamonix schwebt. Chamonix ist eben auch Spielwiese für allerlei Verrücktheiten. Die Steinböcke auf dem Weg zum Planpraz scheint es jedoch wenig zu stören.

Feinster Fels Auf dem Planpraz angekommen, verfolgt man den Weg nach links Richtung Brevent. In Kehren geht es nach oben. Auf einer Höhe von 2280 Metern quert der Weg länger nach links. Nach der nächsten Kehre geht man direkt nach Norden zu den Felsen (Punkt 2398), um den Einstieg zu finden; ein Ringhaken markiert den Einstieg.

Nun folgt eine anregende Kletterei im IV. Grad (eine Stelle 5b, kann 4c/A0 geklettert werden) über mehrere kleine Wände und Türme und eine Abseilstelle von 20 Metern. Der Fels ist bester Gneis. Es sind ausreichend Sicherungshaken vorhanden, man kann aber gut weitere mobile Sicherungen anbringen. Fünf schöne, abwechslungsreiche Seillängen, die in der Art der Kletterei etwas Archaisches haben und mit moderner Sportkletterei nicht vergleichbar sind. Hat man die fünf Seillängen genossen, so kann man im Klettergarten links des Durchstiches zum Brevent noch zwei weitere Längen anhängen (IV und IV+) und steigt dann fünf Minuten vom Gipfel entfernt aus. Eine Talfahrt mit der Bahn stellt sicher, dass man den Kaffee in Chamonix noch in der Nachmittagssonne genießen kann. Eine landschaftlich eindrucksvolle Wanderung mit ausführlicher Klettereinlage also – Prädikat: absolut empfehlenswert!

–sh–

»Plaisir pur« ist garantiert, wenn man in die Gneisfelsen am Brevent einsteigt.

Erweiterung zur Rundwanderung

Die Tour kann wunderbar in eine Rundwanderung erweitert werden. Steigt man vom Brevent nach Süden ab – wobei man dem Lac Brevent noch einen Besuch abstatten kann –, gelangt man zur Tête de Bel Lachat und etwas weiter zum Refuge de Bel Lachat. Von hier kann steil über den Plan de Bel Lachat nach Chamonix abgestiegen werden; vom Brevent ca. 3½ Std. Man kann auch eine Übernachtung auf dem Refuge de Bel Lachat einplanen; die Hütte ist von Ende Juni bis Mitte September geöffnet.

Aiguille du Midi (3777 m) – Aiguille du Plan (3673 m)

Alpinismus all inclusive

schwer schwer 8–10 Std. 900 Hm

Tourencharakter
Recht schwere Hochtour (ZS) mit luftigen Firngraten (max. 45°) und ein paar Kletterstellen (III–IV, evtl. mit Steigeisen); eine der schwierigsten Routen in diesem Buch

Ausrüstung
Hochtourenausrüstung inkl. Fels-Sicherungsmaterial, Seil für 30-Meter-Abseilstellen

Ausgangspunkt
Aiguille du Midi, Gipfelstation (3777 m), Seilbahn von Chamonix

Endpunkt
evtl. Montenvers (1913 m), über Requinhütte; Zahnradbahn nach Chamonix

Gipfel
Rognon du Plan (3601 m), Aiguille du Plan (3673 m)

Gehzeiten
Aiguille du Midi – Rognon du Plan 2–2½ Std. – Aiguille du Plan 1½ Std.; zurück zur Midi 4–5 Std., Abstieg zum Refuge du Requin 2½–3 Std, weiter nach Montenvers 3 Std.

Hütten
Evtl. Refuge des Cosmiques (3613 m), Tel. 00 33/(0)4/50 54 40 16
evtl. Refuge du Requin (2516 m), Tel. 00 33/(0)4/50 53 16 96, lesdents-dela-merdeglace@hotmail.fr

Karten
IGN 1:25 000, Blatt 3630 OT »Chamonix«

Die Querungen im Schrofengelände der Chamonixseite fordern sicheren Tritt, vor allem wenn der griffige Firn ausapert und Geröll freisetzt.

Schmale, steile Firnschneiden, Wächtengrate, Klettern in brüchigen Flanken und in festem, rotbraunem Granit, steiles Abseilen, ein kecker Gipfelzahn – was man sich so vorstellen kann für eine schöne Hochtour, dieser Chamonix-Klassiker hat's – und das hin und zurück. Zudem mit komfortablem Seilbahnzustieg!

Die erste Schlüsselstelle wartet schon unten, an der Kasse der Seilbahn zur Aiguille du Midi. Bei schönem Sommerwetter bilden sich schon lange vor der ersten Fahrt um sechs Uhr die Warteschlangen – extra frühes Aufstehen ist nötig oder eine gute Portion Geduld, bis man endlich Ticket und Platzkarte in Händen hält. Halb so schlimm: Solide Hochtouristen kriegen den Hin- und Rückweg gut bis zur letzten Talfahrt unter. Noch schlauer bleibt man eh gleich oben auf der Cosmiqueshütte, und gibt sich am nächsten Tag den Cosmiquesgrat zur Gipfelstation – eine ideale Akklimatisationsrunde!

Aus dem Tunnel ins grelle Licht Ausgehöhlt und ausgebaut ist der Seilbahngipfel; die Attraktionen kann man noch später genießen, beim Warten auf die Talfahrt, jetzt heißt es: Raus in die Berge! Der erste Blick im Freien haut dich um: Links, 2800 Meter tiefer die Talfurche von Chamonix, drüben die berühmten Gipfel – Verte, Jorasses, der Rochefortgrat, dann das gewaltige weiße Mont-Blanc-Massiv; dieser Blick wird dich während der gesamten Tour begleiten. Hinunter am schmalen, steilen Grat; dicke Hanfseile sichern den

Abstieg. Dann wird es ernst, der Grat verlässt das gezähmte Gebiet. Zuerst gibt er sich noch verbindlich, als flacher Rücken, dann kommt der erste steilere Abstieg, immer mit Tiefblick über die große Rutschbahn nach Chamonix. Auf und ab geht es dahin. Das Chamonix-seitige Couloir am Rognon du Plan kann bei Ausaperung unangenehm brüchige Felsen enthüllen; vom Gipfelgrat führen ein paar Abseilstellen hinab in den Col Superieur du Plan; beim Rückweg ist hier der IV. Grad gefragt – oder man nutzt das Fixseil in einer Verschneidung.

Grande Finale am Gipfelaufschwung Ein klassisch geschwungener Firngrat führt hinauf unter den kecken Gipfelzacken der Aiguille du Plan. Auch hier ist noch mal beherztes Zupacken gefragt – egal, ob man den Zipfel nord- oder südseitig angeht; irgendetwas zwischen III und IV. Mittendrin in der großartigen Arena von Chamonix sitzt man dann und wird zufrieden, vielleicht gar glücklich sein. Denn das Ganze darf man ein zweites Mal genießen, im Rückweg auf die Midi. Oder man steigt (falls nicht die Spalten zu groß sind) hinunter über die Requinhütte nach Montenvers – eine große Reise durch eine der schönsten Gletscherwelten der Alpen. *–ad–*

Hochtouren-Hochgenüsse in Reichweite der Seilbahn – genussvoll wird der Rückweg aber nur wenn die Akklimatisation schon halbwegs passt.

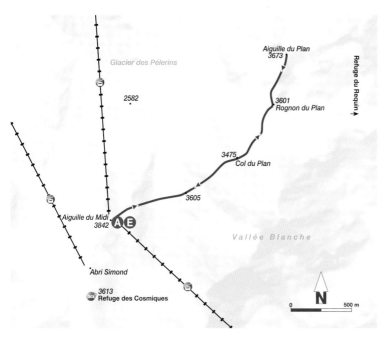

Am Drahtseil zum Glück

1818 schon wurde der Nordgipfel der Aiguille du Midi erstmals bestiegen, richtig bekannt wurde der Berg aber erst 1955 mit der Eröffnung der heute zweithöchsten Seilbahn der Alpen – sie ist das Tor zu vielen Touren über Chamonix. Der italienische Ingenieur Graf Dino Lora Totino entwickelte das technische Konzept: Volle 1467 Höhenmeter überwindet die Gondel freihängend zwischen Mittelstation und Gipfel. Oben gibt es Restaurant, Souvenirshop, Info-Installationen und allerlei Technik; die geheizten Toiletten haben schon vielen verspäteten Alpinisten das Biwak erleichtert.

7.6

Aiguille du Midi (3842 m) – Cosmiques-Grat

Hochalpiner Klassiker über den Dächern von Chamonix

mittel schwer 4–6 Std. 270 Hm

Tourencharakter
Gratkletterei mit Gletscherzustieg
(ZS), nirgends wirklich sehr schwer
(IV+), aber oft ausgesetzt und sehr
abhängig von Schnee- und Eisbe-
dingungen; oft überlaufen

Ausrüstung
Hochtourenausrüstung, zusätzlich
3–4 Expressschlingen, Zacken-
schlingen, Karabiner, Klemmkeile,
2 mittlere Friends

Ausgangspunkt/Endpunkt
Chamonix (1037 m)

Gipfel
Aiguille du Midi (3842 m)

Gehzeiten
Aiguille du Midi – Abri Simond,
1 Std., Cosmiques-Grat 3–4 Std.,
die Zeiten können bei viel Verkehr
und Stau jedoch auch erheblich
länger sein.

Hütte
Cosmiques-Hütte (3613 m),
Tel. 00 33/(0)4/50 54 40 16,
www.chamoniarde.com/refuge-les-
cosmiques-310002.html

Beste Jahreszeit
Juni bis September/Oktober

Karten
IGN 1:25 000, Blatt 3551 ET
»St-Gervais«

Führer
H. Eberlein »Gebietsführer Mont-
Blanc-Gruppe«, Bergverlag Rother

Morgens im Tal zu akzeptablen Zeiten aufbrechen, dann auf knapp 4000 Metern Höhe in Fels und Firn einen alpinen Grat klettern und am Nachmittag bei Kaffee und Kuchen wieder im Tal – das kann es nur in Chamonix geben. Verständlich, dass man bei dieser Aktion selten allein ist, lohnend ist der Cosmiques-Grat aber allemal.

Schnellaufstieg Ab sieben fährt im Sommer die Bahn der Téléphérique Aiguille du Midi. Die Schlange der Alpinaspiranten vor der Talstation ist meist schon lang. Alle haben sie ein Ziel: die Bergstation auf 3777 Metern Höhe, um von dort ihre Ziele und Träume zu verwirklichen. Nur 20 Minuten dauert die Fahrt, dann muss man erst einmal Luft holen. Vielleicht, weil man noch nicht gut akklimatisiert ist, mit Sicherheit aber wegen des Blicks auf einige der höchsten Erhebungen der Alpen und aufgrund der unglaublichen Vielfalt an Gletscherbergen, wilden Granitzacken und steilen Eiscouloirs.

Gletscherwanderung mit luftigem Start Kalt und zugig ist es in dem Tunnel, der zum Ausgang der Bergstation führt; Steigeisen angezogen, Pickel gezückt, raus und ab durch die »Touristenschranke«. Dort wird auf Englisch, Französisch und Japanisch vor dem Weitergehen gewarnt. Nutzen doch Tausende

Wie klein ist doch der Mensch im Angesicht des »Großen Weißen«. Dies wird besonders deutlich am Ausstieg des Cosmiques-Grats.

Labels on image: 1. Turm, 2. Turm, Abseilstelle, III+, IV, IV–

von Touristen täglich das Wunderwerk der Technik, um diese Insel der Zivilisation in der Gletscherwelt auf 3800 Metern Höhe zu erreichen und zu staunen. Die meisten kommen in Jeans und Sandalen zum Fotoshooting.

Den Bergsteiger empfängt ein überaus luftiger Firngrat zwischen Himmel und Erde. Links, 2800 Meter tiefer, liegt Chamonix, rechts zieht die steile Firnflanke auf den Gletscher des Vallée Blanche. Bei Wind und Gegenverkehr kann dieser Grat schon zur ersten Herausforderung werden und ist mit Konzentration anzugehen. Kleine Dramen sind üblich, denn allzu oft bewegen sich hier Menschen, die völlig fehl am Platz sind.

Nach 160 Höhenmetern wird das Gelände aber flacher, und die meist tief ausgetretene Spur wendet sich nach rechts, um in das Gletscherbecken unterhalb der Midi-Südwand zu gelangen. Diese goldgelbe Granitwand ist 250 Meter hoch und bietet einige feine Klettereien. Gaston Rébuffat durchstieg sie gemeinsam mit Marcel Baquet erstmals im Juli 1956. Die »Voie Rébuffat« ist heute ein beliebter Klassiker und erfordert den

Überschaubar lang, leicht zu erreichen und doch ein beeindruckendes Erlebnis ist die Überschreitung des Cosmiques-Grats.

Cosmiques-Hütte

Die Hütte wurde in den 1930er-Jahren auf Anregung des französischen Physikers Louis Leprince-Ringuet erbaut. Schon 1912 hatte der österreichische Physiker Victor F. Hess während der Ballonfahrten hier oben kosmische Strahlungen entdeckt. Diese wollte Ringuet erforschen. Bis in die 1990er-Jahre wurde die Hütte als Messstation, unter anderem der Luftverschmutzung, genutzt. Nach einem Brand wurde sie neu gebaut und ist heute ein wichtiger Stützpunkt für eine Vielzahl von Touren im Mont-Blanc-Gebiet.

Man glaubt, gleich hebt sie ab: Wie eine Rakete schießt der Gipfelturm der Aiguille du Midi in den Himmel.

Der Schlüssel liegt in dem dünnen Riss – nicht jeder tut sich an der Schlüsselstelle leicht. Immerhin muss sie mit Steigeisen geklettert werden.

Schwierigkeitsgrad 6a (VI+). Mit Sicherheit sind schon Seilschaften zugange, wenn man die Wand passiert, und man kann das muntere Klettertreiben ein wenig beobachten. Unterhalb der Südwände des Cosmiques-Grats wird nun der Gletscher in Richtung Cosmiques-Hütte überquert. Kurz vor dieser hält man sich nach rechts zur Abri Simond, einer alten, offiziell nicht mehr genutzten Biwakhütte; sie liegt auf 3600 Metern direkt am Einstieg zum Cosmiques-Grat. Mäßig steil klettert man die ersten 100 Höhenmeter nach oben. Immer wieder lassen sich an den soliden Blöcken brauchbare Sicherungen legen. Ein kleiner Sattel wird erreicht, und die »Rakete« erscheint. Wie auf einer Abschussrampe steht der Turm der Midi-Gipfelstation auf dem höchsten Punkt des Grats – ein seltsamer Kontrast zur hochalpinen Landschaft.

Kurz darauf erreicht man am nächsten Turm die Abseilstelle. Als Nadelöhr der gesamten Tour verursacht sie regelmäßig Stau und emotionale Ausbrüche bei den Bergsteigern, denen es zu langsam geht; leider kommt es manchmal auch zu sicherheitstechnisch zweifelhaften Aktionen. Da hilft nur Ruhe und Gelassenheit. Bei dieser Aussicht kann man auch ein wenig warten. Dent du Géant, Rochefort-Grat und Grandes Jorasses präsentieren sich in ihrer ganzen Pracht, und die gesamte Mont-Blanc-Traverse ist von hier zu überblicken.

Nach dem Abseilen folgt eine leichte Querung und ein kurzer Kamin (IV, danach Stand an zwei Haken). Da heißt es »hoch das Bein« und herzhaft durchziehen. Ist diese Stelle gemeistert, führt eine Firnrinne zurück auf den Grat und quert unterhalb des zweiten Turms. Zum Teil ist der Grat hier sehr ausgesetzt und erfordert gutes Gleichgewicht und Trittsicherheit. Atemberaubend sind die Tiefblicke ins Arvetal und auf den Bossonsgletscher. Dann wird es noch einmal spannend. Eine kleine Granitwand muss überwunden werden, mit Schwierigkeit IV+ die Schlüsselstelle. Ein schmaler Riss führt durch die Platte, liefert die nötigen Griffe, kleine Löcher im Fels die Tritte. Tausende von Kletterern haben im Laufe der Jahre diese Löcher mit ihren Steigeisen in den Fels »gebohrt«, und so lässt sich diese Stelle recht komfortabel klettern. Kühles Finale. Auf der Rückseite des Felsturmes wartet, kühl und schattig, die Abschlusskletterei. Ein oft vereister Kamin, der sich leidlich mit Friends und Schlingen sichern lässt. Die Schwierigkeiten überschreiten zwar den IV. Grad nicht, je nach Vereisung kann das Klettern aber schon einige Nerven kosten, bevor man dann endlich die letzten Meter zur Aussichtsterrasse der Midi-Station queren kann. Dort wird man meist von einer Traube Touristen aus aller Herren Länder erwartet, die die Bergsteiger mit ihren Kameras begeistert empfangen. *–sh–*

Luft unterm Hintern – sind die Schwierigkeiten am Cosmiques-Grat auch moderat, so braucht es doch eine ordentliche Portion Trittsicherheit und Gleichgewichtsgefühl; im Hintergrund Mont Blanc du Tacul und Mont Maudit.

7.7 Dent du Géant (4013 m)

Granitgenuss am »Riesenzahn«

| mittel | schwer | 6–8 Std. | 620 Hm |

Tourencharakter
Zustieg leicht über Gletscher und dann etwas mühsam über Firn und Fels (ZS). Dann tolle Kletterei in bestem Granit und gut gesichert (III/A0 bei Benutzung der Fixseile oder bis V+ in freier Kletterei).

Ausrüstung
Komplette Gletscher- und Kletterausrüstung, Kletterschuhe

Ausgangspunkt/Endpunkt
Chamonix (1037 m) oder Entrèves (1306 m)

Gipfel
Dent du Géant (4013 m)

Gehzeiten
Aiguille du Midi – Rifugio Torino 3½–4 Std. (wenn die Bahn nicht genommen wird), Rifugio Torino – Einstieg 2–3 Std., Klettern 9 SL, 2 Std., Abseilen ½ Std., Einstieg – Rifugio Torino 1½ Std.

Hütte
Turiner Hütte (3371 m), Tel. 00 39/0165/84 40 34, info@rifugiotorino.com, www.rifugiotorino.com

Beste Jahreszeit
Juni bis September

Karten
IGN 1:25 000, Blatt 3551 ET »St-Gervais«

Führer
H. Eberlein »Gebietsführer Mont-Blanc-Gruppe«, Bergverlag Rother

Gipfel mit »Wow-Effekt« – wenige Berge bilden einen solch beeindruckenden Turm und sind gleichzeitig so leicht zu besteigen wie der Dent du Géant (rechts innen).

Der Dent du Géant ist mit 4013 Metern zwar einer der kleinen Viertausender, mit seiner weithin sichtbaren Gestalt aber ein sehr imposanter. An seinem Fuß beginnt der berühmte Rochefort-Grat, der zu den Grandes Jorasses führt. Seine Besteigung über den Normalweg darf man getrost als Genusskletterei bezeichnen.

Italienisch-Französicher Traumberg Blickt man von der Aiguille du Midi nach Osten, sticht einem der »Riesenzahn« unweigerlich ins Auge. Und jeder echte Alpinist ist von einem Gedanken beseelt: »Wow, da möchte ich einmal oben stehen und den Rundblick genießen.« Der Dente del Gigante, so sein italienischer Name, ist ein italienisch-französischer Grenzberg und egal, ob man von der italienischen oder französischen Seite kommt – Ausgangspunkt ist immer das Rifugio Torino. Von der italienischen Seite ist die Hütte mit der Seilbahn von Entrèves leicht zu erreichen. Von Chamonix nimmt man zunächst die Midi-Bahn und dann die Panoramabahn zur Pointe Helbronner.

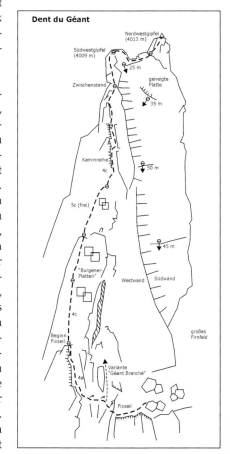

Mühsamer Zustieg Die eigentliche Kletterei ist relativ kurz, sodass man bei stabiler Wetterlage die Möglichkeit hat zu entscheiden; eine Übernachtung auf der Turiner Hütte ist aber auf alle Fälle sinnvoll. Entscheidet man sich für den Fußweg von der Aiguille du Midi zur Turiner Hütte, braucht man dafür zwar etwa vier Stunden, bekommt aber auch eine eindrucksvolle Gletscherwanderung als Zugabe, die nahe an den Eiscouloirs des Mont Blanc du Tacul und den Felskletterein des Grand Capucin und Roi de Siam vorbeiführt. Kommt man gegen Mittag auf der Turiner Hütte an, reicht es bei gutem Wetter noch gut für eine Besteigung. Großer Vorteil: Man ist dann meist allein. Der Zustieg führt

über den Glacier du Géant nordostwärts direkt zum Fuß des Giganten. Immer steiler werdend muss zunächst eine kleine Firnrinne (45°), dann am Rücken gemischtes Firn-Fels-Gelände bewältigt werden. Einige große Blöcke werden rechts umgangen. Wo das Gelände flacher wird, befindet sich links der Einstieg. Zugegeben ein etwas mühsamer Aufstieg, aber zu einer überaus lohnenden Kletterei.

Bester Fels und grandiose Aussicht Nach der Erstbesteigung im Jahr 1882 wurden die Platten der Südwestwand schon bald mit Fixseilen ausgestattet und diese immer wieder erneuert. Ignoriert man sie und verzichtet auf die Hangelei, dann erwarten einen anregende Kletterstellen bis zum Schwierigkeitsgrad V+. Die Route führt zunächst in einem kleinen Quergang um den Turm auf die Südwestseite und hoch bis zu einer Terrasse, wo die Taue beginnen. Nun wartet eindrucksvolle Plattenkletterei hoch über dem Vallée Blanche. Die Dimensionen erinnern an Bilder aus dem Karakorum. Die oberen Längen führen abwechslungsreich durch Wandstellen, Kamine und Verschneidungen bis auf den Vorgipfel (4009 m). Von diesem leicht absteigend geht es dann auf den Hauptgipfel mit seiner metallenen Madonna und einer umwerfenden Aussicht zum Mont Blanc und den Grandes Jorasses.   *–sh–*

Karakorum oder Alpen? Beim Blick vom Dent du Géant hinunter ins Vallée Blanche ist diese Frage berechtigt.

Expertentipp

Auch wenn in der Literatur empfohlen wird, über die Route abzuseilen, so ist es doch wesentlich günstiger, die nordseitige Abseilpiste vom Vorgipfel zu nutzen. In drei oder vier Abseilfahrten ist man unten (3 x 50 m oder 25 m bzw. 35 m + 2 x 50 m); siehe auch Topo. Achtung: Wenn man bei der ersten Abseilstelle zu weit nach rechts kommt, landet man in einer schlecht gesicherten Nordwandroute und kommt nur unter erheblichen Schwierigkeiten zurück auf die Abseilpiste!

Dômes de Miage (3670 m)

Klassischer Firngrat mit Königsblick

mittel   mittel   5+14 Std.1430+1100 Hm

Tourencharakter

Leichte, aber ausgesetzte Hochtour, die bei Wind oder Blankeis heikel sein kann (WS). Unter Umständen muss man sich dann mit dem Col des Dômes (3564 m) und dem Ostgipfel (3673 m) zufriedengeben; die Tour ist sehr lang und konditionell fordernd.

Ausrüstung

Komplette Hochtourenausrüstung

Ausgangspunkt/Endpunkt

Le Cugnon bei Les Contamines-Montjoie (1167 m)

Anfahrt

Chamonix bis Les Contamines-Montjoie, großer Parkplatz (gebührenfrei) am Ortsende von Le Ley.

Gipfel

Sommet central (3633 m); 2ème Dôme (3666 m); Sommet W (3670 m); Aiguille de la Bérangère (3425 m)

Gehzeiten

Le Lay – Refuge des Conscrits 5 Std., Überschreitung 9–10 Std. Refuge des Conscrits – Le Lay 3½ Std.

Hütte

Refuge des Conscrits, Tel. 00 33/(4)/79 89 09 03, refuge.conscrits@gmail.com, www.guides-mont-blanc.com

Beste Jahreszeit

Juni bis September

Karten

IGN 1:25 000, Blatt 3551 ET »St-Gervais«

Die Dômes de Miage sind ein bekanntes Bergmassiv in der Mont-Blanc-Gruppe und bestens geeignet, um sich zu akklimatisieren und an die hochalpine Welt der Firngratüberschreitungen zu gewöhnen. Zu beiden Seiten ziehen die Flanken steil ins Tal. Die Traverse der Dômes ist ein alpiner Klassiker und für alpine Einsteiger ein grandioses Erlebnis.

Im Schweiße deines Angesichts Schon die Wanderung zur Conscrits-Hütte ist eine längere Geschichte, sind doch nicht nur über 1400 Höhenmeter zu bewältigen, sondern auch eine Strecke von knapp acht Kilometern; das kann recht schweißtreibend werden. Von Le Ley führt der Weg erst einige Meter zurück in Richtung Le Cugnon, bevor es in einem Rechtsschwenk in den Wald geht und mal steiler, mal weniger steil hinauf nach Les Plans. Die Tatsache, dass man hier großteils im Wald unterwegs ist, ist vor allem bei nachmittäglicher Hitze ganz angenehm und sorgt dafür, dass der Rucksack nicht ganz so drückt. Gute zwei Stunden benötigt man auf dem gut gekennzeichneten Weg bis zum Refuge Trélatête (1970 m) – ein idealer Platz für eine Rast und um den wunderbaren Blick über Contamines-Montoje zu genießen. Ab jetzt gibt es zwar keinen hitzeschützenden Wald mehr, aber es folgt ein landschaftlich großartiger Aufstieg oberhalb der tief eingeschnittenen Gorges de Combes Blanches. Über einige Platten und Schrofen führt der Weg zum Glacier de Tré la Tête. Diesen betritt man bei ca. 2000 Metern Höhe nahe seinem durchaus beeindruckenden Gletschertor.

Kräftig zupacken ist angesagt bei der kurzen Ferrata, welche fast ausschließlich aus Leitern besteht und zur Conscrits-Hütte führt.

Die beste Möglichkeit, dem fast vollständig mit Schutt bedeckten Gletscher in Richtung Süden zu folgen, ist auf seiner Mittelmoräne. Der dort meist gut ausgetretene Weg führt zu den »Seracs de Tré Grande«, bei denen der Gletscher sich langsam nach Osten wendet. In den Südwänden zur Linken gibt es nun Leitern, die circa 150 Meter nach oben führen und vor einigen Jahren als neuer Zustieg zur Hütte montiert wurden, da der alte Weg zu-

Die Abwechslung perfekt macht bei der Überschreitung die Aiguille de la Bérangère, welche mit leichten Felspassagen aufwartet.

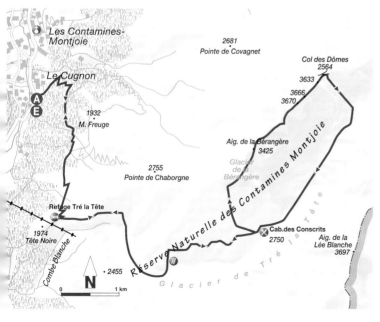

Tiefblick und Weitblick: Die Dômes de Miage liegen 2500 Meter über dem Talboden, und man glaubt, fast bis zum Meer schauen zu können.

nehmend steinschlaggefährdet war. Oben angekommen geht man über Schutt und Wiesengelände bis zur Hütte. Fünf Stunden nach Aufbruch im Tal und um eine Menge Schweißtropfen ärmer kann man sich nun auf der modernen Hütte einem Panache und der Aussicht widmen. Die vollständige Kette der Tré la tête zeigt sich von ihrer besten Seite, und neue Ideen für Touren steigen einem in den Kopf – zum Beispiel eine Überschreitung der Tré la tête.

Gletscherhatsch Ein früher Start ist angesagt, und so ziehen die ersten Stirnlampen schon um vier Uhr hinter der Hütte durch das Schuttgelände nach Osten in Richtung Gletscher. Die Wegfindung ist nicht ganz einfach, und man muss aufpassen, um nicht zu hoch zu geraten, damit man auf der Höhe von ca. 2730 Metern den Gletschereinstieg trifft. Nach dem Anseilen folgt ein langer, relativ flacher Gletscherweg, der nur einige kleinere Steilstufen aufweist. Immer in Richtung des nordöstlich gelegenen Col Infranchissable führt der Aufstieg; nahe der Wand des Felssporns von Punkt 3336 sind einige Spalten zu umgehen, dann steigt man nach Norden zum Col des Dômes (3564 m) auf.

Endlich steigt man aus dem Schatten, und der Blick wird erstmals frei in Richtung Nordwesten. 2500 Meter liegen unter einem, und man hat das Gefühl, unendlich hoch über dem Tal und der damit verbundenen Alltagshektik zu stehen. Bei Lust und Zeit kann man nun über den sehr steilen Firngrat zum Ostgipfel steigen und somit auch den höchsten Punkt der Dômes de Miage ins Tourenbuch eintragen. Die eigentliche Überschreitung aber wende

sich nun kaum weniger luftig nach Südwesten. Wie auf Messers Schneide bewegt man sich immer direkt auf der Gratkante. Links fallen die Felswände steil zum Gletscher ab, rechts geht der Blick in die fast unendliche Weite der Vorberge des Mont Blanc.

Königsblick: Schaut man hingegen in die entgegengesetzte Richtung, steht da der »Monarch« selbst in seiner ganzen Pracht.

Schaut man über die Dômes de Miage zurück, so stehen da die Aiguille de Bionassay, der Dôme de Goûter und der König selbst, der Mont Blanc – in ihrer ganzen Pracht. Eine Überschreitung desselben vom Col des Dômes über genau diese Linie ist übrigens möglich und eine der ganz großen Bergfahrten der Region. Nach dem Westgipfel verlässt man den Grat und steigt in den Nordflanken hinab zum Col de la Bérangère (3348 m). Die letzte Herausforderung ist dann die Aiguille de la Bérangère. Zunächst in Firn und Fels klettert man ein wenig den Grat aufwärts (I–II), um dann nach einer etwas heiklen Querung der Südostflanke zum Gipfel zu gelangen; alternativ kann der Grat auch komplett überklettert werden (III).

Knieschinder Auch wenn die Aussicht grandios ist und die Brotzeit schmeckt, irgendwann muss man auch wieder hinunter. Der Abstieg zur Hütte führt zunächst über den Gletscher nach Südosten und ist bei Firn sogar oft eine spaßige Abfahrt. Dann geht es über Gras- und Schrofengelände bis zum Refuge des Conscrits. Den nun folgenden Abstieg bis ins Tal – falls man diesen noch am gleichen Tag unternimmt – kann man ruhig als Knieschinder bezeichnen. Ist man in Le Ley angekommen, locken ein Bad im nahen Bach und das Bier, bei dem man diese ausgesprochen schöne Tour noch einmal Revue passieren lassen kann.   –sh–

Das Bergsteigerglück findet sich nicht nur auf den Seven Summits allein, sondern am Ende doch auf jedem Berg; Abschiedsgruß vom Vorgipfel des Dent du Géant.

Register

Afrigall 79
Aiguille du Midi 164, 178
Aiguille du Plan 176, 177
Aiguilles Rouges 165
Alemannen 89
Aljaz, Jakob 22
Alpe Bad 93
Alpe Gapfahl 98
Alpe Grandezelta 153
Alpe Guschg 96
Alpe Ijes 92, 94
Alpe Meyes Dessous 149
Alpe Turna 100
Alpelti 98
Alpengarten 32, 33, 139
Alpenskala 15
Älplibahn 92
Alpspitze 84, 85, 104
Alpspix 77
Alpstein 91
Aostatal 110, 136, 155
Argentière 162
Arve 162
Augstenberg 96
Ausrüstung 16
Ayas-Tal 154

Balfrin 131
Bambergweg 40, 25
Bärenlahnscharte 39
Barth, Hermann von 68
Baumbach, Rudolf 29
Becca di Montcorvé 142, 143
Berghaus Sücka 98
Berner Oberland 131
Bernina 91
Bettlerjoch 101, 102
Bodensee 91
Bosses 165
Bossonsgletscher 163
Bratschen 47, 60
Breithorn 126, 127, 128, 129, 136
Brennkogl 56, 58, 59
Brevent 174
Breventbahn 174
Bukovlje-Wald 26, 41

Chalbergrad 100
Chamonix 162, 163, 164, 174
Ciarforon 142
Cime d'Entrelor 148, 150
Col des Montets 162, 165

Colle de Nivolet 144, 150
Conscrits-Hütte 184
Contamines-Montoje 184
Cosmiques-Grat 178
Cosmiques-Hütte 179, 180
Courmayeur 163

Dent du Géant 182
Dôme de Goûter 187
Dômes de Miage 184
Drei Kapuziner 96
Drei Schwestern 89, 90, 91, 96, 98, 104, 107
Dufourspitze 13, 111, 113, 114, 116, 117

Edward Whymper 112
Ehrwalder Alm 80, 81
Ehrwalder Sonnenspitze 80
Eibsee 66, 70, 72
Entrèves 164
Estergebirge 74, 75, 77

Faktor Mensch 18
Falknis 93
Felsklettern 174
Fernpass 68, 78, 79, 82
Findeneggweg 36
Fläscher Alp 93
Frankreich 162
Fürstensteig 104, 106
Fuscherkarkopf 47, 59, 60, 61

Gaistal 82, 83
Gamperdonatal 101
Gamsgrube 60, 61
Ganghoferweg 82, 83
Garsellikopf 104, 106, 107
Gasthaus Vögeli 96
Geißstein 52, 53, 54, 55
Genussklettern 182
Glacier de Percià 151
Glacier du Grand Paradis 141
Glacier Entrelor 151
Glocknerhaus 45, 56, 59, 60
Glocknerleitl 51
Goldlochspitz 99
Gorfion 102
Gornergratbahn 112, 114
Goûterhütte 167, 168
Gran Paradiso 13, 136, 138, 140, 142, 152

Gran-Paradiso-Massiv 146
Gran-Paradiso-Nationalpark 137, 138
Grand Balcon Sud 170, 173
Großglockner 12, 44, 45, 46, 48, 49, 51, 58, 59, 60, 62, 88, 166

Hacquet, Belsazar 25, 44
Heiligenblut 45, 46, 49, 56, 58, 60
Hinter Grauspitz 91, 92, 94
Hochalpenstraße (Großglockner) 45, 46, 47, 56, 58, 60
Hochkogel 52, 55
Hofmannsweg 46, 48, 56
Höhbalmen 118, 121
Hohe Munde 68, 69, 82
Hoher Fricken 74
Höllental 67, 68, 72, 84, 85
Höllentalangerhütte 72, 73
Höllentalferner 67, 73
Höllentalklamm 72
Höllentalspitze 73, 84, 85

Ijesfürggli 92, 102
Il Roc 143
Isonzofront 24
Italien 136

Jalovec 23, 25, 31, 33
Jubiläumsgrat 12, 68, 84, 85

Kalkglimmerschiefer 47, 60, 61
Kals 45, 46, 48, 49, 62, 63
Karl Blodig 10
Kelchele 96
Klagenfurter Jubiläumsweg 56, 58
Kletterei 175, 183
Klettergarten 175
Knappenstube 59
Kolme 99
Kramerspitz 76
Kranjska Gora 23, 24, 26, 29, 30, 40
Kredarica 26, 27
Kuegrat 104, 106
Kugy, Julius 23, 25, 33, 38
Kuhflucht 74, 75

L'Aouille 151
La Somone 174
Lac Blanc 170, 171, 173
Lac Leynir 146

Lacs Trebecchi 147
Lechquellengebirge 91
Liechtenstein 88
Loreahütte 78
Loreakopf 68, 69, 78, 79
Lucknerhaus 46, 48, 50, 62

Maison de la Montagne 164
Malbi-Rider 100
Malbun 96, 100, 103
Mangart 25, 32, 34, 35
Mangartstraße 34
Manlitzkogel 52, 53, 55
Matterhorn 112, 115, 154, 157
Mattmarksee 132
Mer de Glace (und Balcons de la) 6, 171, 172, 173
Meyes-Tal 148, 150, 151
Mischabelgruppe 132
Mischabelhütte 130
Mischabelkette 112
Mojstrovka 25, 30, 31, 32, 33
Mont Blanc 13, 162, 165, 187
Mont Blanc du Tacul 181, 182
Mont Maudit 165, 181
Mont-Blanc-Gipfel 165
Mont-Blanc-Massiv 162
Mont-Blanc-Traverse 180
Montasch 15, 25, 32, 36, 38, 39
Montasio(käse) 36, 37
Monte Rosa 110, 115, 132, 154
Monte Zerbion 139, 154
Monte-Moro-Pass 122, 123, 124, 125
Monte-Rosa-Hütte 111, 114
Monte-Rosa-Massiv 114, 157
Mt. Taou Blanc 142, 146, 151
Mürztalersteig 50

Naafkopf 102
Naaftal 92, 99
Nadelgrat 131
Nadelhorn 130, 131
Nationalpark Hohe Tauern 46
Nationalpark Triglav 41
Naus, Josef 68, 71
Nenzinger Himmel 101
Nollengletscher 132
Nordend 116, 117

Obersäss 93
Ochsenkopf 96

Pallavicinirinne 45, 48
Panüeler Kopf 99, 102

Partnachklamm 67, 70, 72
Pasterze 12, 44, 46, 47, 48, 49, 60, 63
Pecolalm 36, 37, 38, 39
Petit Dru 163, 164
Pfälzer Hütte 101, 102, 103
Pfandlscharte 56
Pian della Tornetta 152
Piccolo Paradiso 153
Pinzgauer Gipfelgang 52
Plan Borgno 145
Planpraz 174
Planung 16, 77, 89, 90
Plasteikopf 99
Pointe Helbronner 182
Pollux 126, 129
Pont 140, 144, 147, 148

Rappastein 98
Rätikon 91, 103
Refuge Couvercle 172
Refuge de Leschaux 172
Refuge des Conscrits 187
Reinhold Messner 11
Reintal 67, 68, 70, 71, 72, 84 , 85
Reintalangerhütte 70, 71
Rheinebene 89
Rifugio Savoia 146, 147
Rifugio Tetras Lyre 140
Rifugio Torino 182
Rifugio Vittorio Emanuele 140
Rifugio Vittorio Sella 152
Römer 89
Rotenboden 114, 117
Rundwanderung 175

Saas Almagell 112
Saas Fee 112, 130
Salmhütte 45, 48, 49
Saminatal 89
Sareisbahn 102
Sareiserjoch 100
Säumer (Tauern) 59, 122, 123
Schafälpli 95
Schall-Skala 15
Schema 3x3 16
Schesaplana 103
Schmittenhöhe 52, 53, 54
Schönberg 96
Schweiz 110
Schwierigkeitsgrad 14, 61, 95, 111, 143, 163, 180, 183
Seebensee 10, 80, 81
Sentiero Ceria-Merlone 38
Sentiero Leva 37

Silbersattel 117
Silvretta 91
Sleme 25, 30, 31
Socaquelle 24, 33
Stachlerkopf 96
Steinbock 139
Stellihorn 132
Stepbergalm 76, 77
Stüdl, Johann 49, 62, 63
Stüdlgrat 45, 47, 62
Stüdlhütte 48, 49, 50, 62, 63
Sunnenspitz 94

T-Skala 15
Tajakopf 80, 81
Teischnitzkees 62
Tête Rousse 166, 168
Tominsekweg 25, 26, 27, 41
Totino, Dino Lora 177
Tourenplanung 15
Tré la tête 184, 186
Triesenberg 90, 96, 104
Triglav 12
Triglavski Dom 26, 27, 40, 41
Turiner Hütte 182

Val di Rhêmes 137
Valgrisenche 158
Valle di Cogne 137, 139, 152
Vallée Blanche 179, 183
Vallothütte 169
Valnontey 139, 152
Valorschtal 96
Valsavaranche 137, 148, 148
Valünertal 98
Via Ferrata Béthaz-Borvard 158
Vorarlberg 100
Vorder Grauspitz 13, 90, 92
Vrsicpass 23, 24, 30, 33

Wallis 90, 91, 154
Wank 69, 74, 75
Weißenfelser Seen 34, 35
Werdenfels 66, 67, 68, 74, 77
Wiesbachhorn 47, 55, 56, 57
Windjoch 130
Wischberg 32, 36, 37, 38, 39
Wolfgang Schaub 11

Zermatt 112
Zlatorog 27, 29, 41
Zugspitzbahn 66, 72, 84
Zugspitze 10, 12, 64, 66, 67, 68, 69, 70, 71, 72, 74, 75, 76, 77, 78, 79, 81, 82, 83, 84, 85, 88

Ebenfalls erhältlich ...

ISBN 978-3-7654-5728-9

ISBN 978-3-7654-5875-0

ISBN 978-3-7654-5615-2

ISBN 978-3-7654-5003-7

BRUCKMANN

www.bruckmann.de

Impressum

Verantwortlich: Beate Dreher
Lektorat/Layout: Andreas Kubin, Bad Tölz
Repro: Cromika, Verona
Kartografie: Heidi Schmalfuß, München
Herstellung: Anna Katavic
Printed in Italy by Printer Trento

★ ★ ★ ★ ★

Sind Sie mit diesem Titel zufrieden? Dann würden wir uns über Ihre Weiterempfehlung freuen.
Erzählen Sie es im Freundeskreis, berichten Sie Ihrem Buchhändler, oder bewerten Sie bei Onlinekauf.
Und wenn Sie Kritik, Korrekturen, Aktualisierungen haben, freuen wir uns über Ihre Nachricht an Bruckmann Verlag, Postfach 40 02 09, D-80702 München oder per E-Mail an lektorat@verlagshaus.de.

Unser komplettes Programm finden Sie unter www.bruckmann.de

Bildnachweis: Alle Bilder im Innenteil stammen von den Autoren, bis auf: picture alliance/Arco Images, S. 64/65; Caroline Fink, S. 118–125; Pacal Tournaire, S. 168
Textnachweise: Die mit –ad– gekennzeichneten Texte stammen von Andreas Dick, die mit –sh– gekennzeichneten von Stefan Heiligensetzer, die Texte S. 118 – 125 stammen von Caroline Fink.
Umschlagvorderseite: Das vielleicht gewaltigste Gebirgspanorama in den Alpen – der Mont Blanc und die Aiguilles von Chamonix, gesehen vom »Grand Balcon du Sud« (Andreas Strauss/LOOK-foto)
Umschlagrückseite: Steinbock in den Julischen Alpen (links, Andreas Dick); Auf dem Weg zur Monte-Rosa-Hütte, der Ausgangsbasis für eine Besteigung der Dufourspitze (rechts, Stefan Heiligensetzer)

Die Deutsche Nationalbibliothek verzeichnet diese Publikation in der Deutschen Nationalbibliografie; detaillierte bibliografische Daten sind im Internet über http://dnb.d-nb.de abrufbar.

© 2014 Bruckmann Verlag GmbH, München
ISBN 978-3-7654-6767-7